初《しょ》動《どう》力《りょく》

だけが
生産性とクオリティを
同時にアップする！

連続起業家
福山敦士
Atsushi Fukuyama

standards

はじめに

いつも仕事に追われていた

「仕事が前に進まない」
「結果の出し方がわからない」
「上司も忙しそうで質問しづらい」

社会人になりたての僕は、毎日の仕事が憂鬱でした。

依頼された仕事は時間通りに終えられず、同僚・諸先輩方に迷惑をかけてばかり。ToDoリストを消化できた記憶がなく、会社の行事以外で24時前に帰れたことはありません。いつも遅くまで残り、家に帰るのが面倒になり、オフィスの床で仮眠することもありました。顔にじゅうたんの跡がついていました。

学生時代、野球を16年間続けてきた僕は気合と体力、高い志だけはありました。だけど、結果がついてこない。元気だけが取り柄のはずでしたが、日に日に自信を失い、自分でも驚くほど声が小さくなっていました。目標を口にすることも憚られるようになり、自信喪失した僕は、背中が丸まり、身体が小さくなった気がしました。飲み会や遊びの誘いをもらうも、返事すらできない日々。忙しぶっているのではなく、本気で忙しく、余裕なんてありませんでした。

仕事がうまくいかないと私生活も腐敗し、健康体だった僕の身体はみるみるうちに不健康体に退化していきました。身体が重たい、気持ちも重たい、でも仕事は降ってくる。進捗を突かれる。相談することを怠り、事故ってから上司に怒られる……エンドレスループでした。

本書に記載されている著者プロフィールには、こういった暗くてどうしようもない過去はふさわしくないため、書いておりません。でも、本当は仕事が下手くそで、周囲に迷惑をかけまくってました。何もできない自分自身が悔しくて、トイレでひとり涙を流していると、いつしか夜が明けて、渋谷のオフィスから日の出を見ることもしばしばありました。

そんな、仕事に**「追われまくっていた」**僕が、今では仕事を**「追いかけまくって」**います。

わずか数年で人生が激変

27歳で独立起業後、2年で2度のM&Aを実行。売却先の東証一部上場企業で執行役員・取締役を務めました。退任後、再び起業し、2度のM&Aを実行。現在はIPO（新規上場）を目指す会社の取締役を務めています。個人では学校法人向けの講座開発を行い、国内外合わせて13冊の書籍の出版、累計10万部超。健康面も改善されました。プールとサウナ付きの自宅を購入し、移動は自転車を使うことで運動を習慣化することに成功しました。2児のパパとして、子どもの行事には参加するようにし、家族での目標も追いかけることができています。

わずか数年の間に人生が激変しました。ある秘訣を知ってから、僕の人生は大きく好転しました。それが**「初動力」**です。

「初動力」をテーマにしたセミナーも開催してきたのですが、参加者の方々の中でも、以下のようなさまざまな変化が起こりました。

・20代で独立、年収3000万円を超える保険営業マンへ転身
・30代後半で転職、年収400万円から1500万円のエリートビジネスマンに転身
・40代中盤で副業開始、年商800万円の事業創出

「初動力」を知り、実行を続けた方々の多くは**「短期間」で成果をあげることに成功しています。**キーワードは**「とりあえずやってみる」**です。

ビジネスにおける「スピード」とは

みなさんの周りに「仕事が早い」と言われる人はいますか？
その人たちは何をもって「仕事が早い」と認識されているのでしょうか。
タイピングの速さ？

メールの返信の速さ？
しゃべる速さ？
歩く速さ？
書類作成のスピード？

すべて、違います。
なぜなら、それだけをマネしても「仕事が早い」人にはなれないからです。

僕も新卒時代、パソコンをカタカタやる先輩の仕事ぶりを見て、必死にタッチタイピングを練習した思い出があります。ただ、成果には直結しませんでした。当たり前ですよね。では、何が早いことが必要なのか？

それは「着手」スピードです。

ビジネスにおいては**「着手」のスピードが早い**ことが「仕事が早い」人の必要条件なのです。つまり**「fast」ではなく「Early」**なのです。実行スピードではなく「とりあえずやってみる」までのスピードです。

本書で紹介する「初動力」は、決して派手な手法ではありません。地味で誰もが一度は目にしたことのある仕事術かもしれません。しかし、すべてのビジネスパーソンに役立つものと確信しています。

「頑張りたいけど、何から手をつけていいのかわからない」という方が、「初動力」の手法と手順を知り、仕事力を高めることで、公私ともに充実し、人生を豊かで幸せなものにできる。ぜひ、そう信じてページをめくっていただきたいと思います。

この本が1人でも多くの方のお役に立てれば、著者としてこれほど嬉しいことはありません。

福山敦士

もくじ

Chapter 3

初動力を高めるスキル

Chapter 4

初動力を高めるスタンス

Chapter 5

初動力を高めるシンキング

Chapter 6

初動力を極めた先にあるキャリア

Chapter
1

初動力とは何か?

「初動力」とはあまり聞き慣れない言葉かと思いますが、その通り、著者オリジナルの造語で、考え込む前に「とりあえずやってみる」ことで、仕事全体のスピードとクオリティを上げていく力を、このように名付けました。本章はまず「初動力入門」として、その概要をお伝えします。

Stage 01

あなたが「初動力」を上げなければならない理由

❶ 期日ではなく、着手を決める

「初動力」とは「とりあえずやってみる」力のことです。

「物事はすぐにやる」「すばやく行動に移す」ことが大切だと、大人になってから気づかされたことがあるかと思います。

しかし、たいていの人の場合、わかってはいても「すぐやれない」というケースが多いものです。この場合、どうしたらいいのでしょうか？　ここで必要なのは「決める」という動作です。つまり、「決断力」です。

与えられた課題をすぐ片づけるのは大変で、何日もかかる案件かもしれません。でも、「何を、いつやるか」ということは、その場ですぐに決めることができます。

やるべきこと、やりたいことを書き出し、ウエイトづけをして期日を記載し、**着手する順番を決めます。**そこに他人のモノサシは不要です。期日と着手を一致させる必要はありません。「何を、いつやるか」、その着手の順番を決めることで、初動力は高まります。

そもそも決断にはエネルギーが要ります。「何を、いつやるか」を決めることは面倒に感じる場合も多く、つい先延ばしになってしまいます。

ですが、決めるスピードが速ければ、仕事のスピードも速くなります。結果、成功も失敗も得られるフィードバックが早くなり、どんどん成長して成果を出せるようになります。

❷ スピードとクオリティは両立できる

仕事のスピードが上がればその分、内容が雑になり、クオリティも低くなるのではと思われるかもしれません。

しかし、僕は仕事のスピードとクオリティはセットであると考えています。一日24

時間という、誰にとっても平等な時間内で、アウトプットの品質を高めるのは、スピード以外にありません。着手が早いことで、試行錯誤の回数が増し、結果としてクオリティが高まります。

昔であるならともかく、変化の早い現代社会において、「じっくり準備をしてから」という発想は古くなりました。**準備をしている間に世の中がガラッと変わってしまうからです。**

かつて日本の大企業では「最初の10年は下積みで」と言われ、20代で入社し、30代になって経験を積んでから、ようやく一人前の仕事を任されるという時代がありました。それでも、10年経てば世の中はガラッと変わります。2010年頃、スマートフォンを持っていた人は日本に何人いたでしょうか。コミュニケーションツールとしてメールがＬＩＮＥに取って代わられる日が来ることを誰が想像したでしょうか。小学生の将来の夢として「プロ野球選手」より「ＹｏｕＴｕｂｅｒ」が上位に来ることを予想できた人はいるでしょうか。

あらゆる事象に変化が起きる中、唯一変わらないのは1日が24時間であることです。同じ時間内で仕事のクオリティを高めるには、試行錯誤、改善の回数が必須であり、結局、スピードが重要な要素であり続けるのです。

（スピードとクオリティの関係については、109ページで改めて詳しく述べます。）

❸ 初動力を高める考え方（夏休みの宿題理論）

「仕事はゴールから逆算しなさい」と、言われたことのある人は多いと思います。

「積み上げ式ではいつまでたってもゴールにたどり着けない」と、みなさん、一度は諭された経験があるのではないでしょうか。

とはいえ、ゴールが遠すぎたり高すぎたりして、終着点が抽象的すぎてぼんやりしている状態はきっちり逆算することはできません。**そんな時は着手を早めること（とりあえずやってみること）をオススメします。**実際に手をつけてみてから、ゴールまでの距離を正しく図る方法です。

理屈を説明します。

夏休みの宿題として、「将来の夢」についてのレポートを課されたAさんとBさん。

Aさんは、7月20日にもらった宿題を忘れて夏休みを思い切り満喫しました。旅行に行って、キャンプに行って、映画を見て、買い物に行って……。そして、8月の4週目にようやく宿題に着手し、夏休み明けギリギリで提出しました。

Bさんは、7月20日にもらった宿題に対し、一度真剣に考えて、自分の将来の夢について紙に書き出してみました。でも、なかなか筆が進みませんでした。なので、諦めて思い切り遊ぶことにしました。Aさんと同じく旅行に行って、キャンプに行って、映画を見て、買い物に行って……。8月の4週目に改めて宿題に着手し、夏休み明けギリギリで提出しました。

さて、どちらのアプトプットのほうが質が高くなるか？

セミナーでアンケートをとると、「Bさん」という回答が多いです。

その通り、答えはBさんです。理由はAさんに比べて、入ってくる情報量が変わったからです。着手が早かったことによって、その後同じ旅行に行って、同じ映画を見ても、入ってくる情報量に変化が生じます。

夏休みの宿題理論

「将来の夢」につてレポートを課せられたAさんとBさん。
どちらのアプトプットのほうが質が高くなるか？

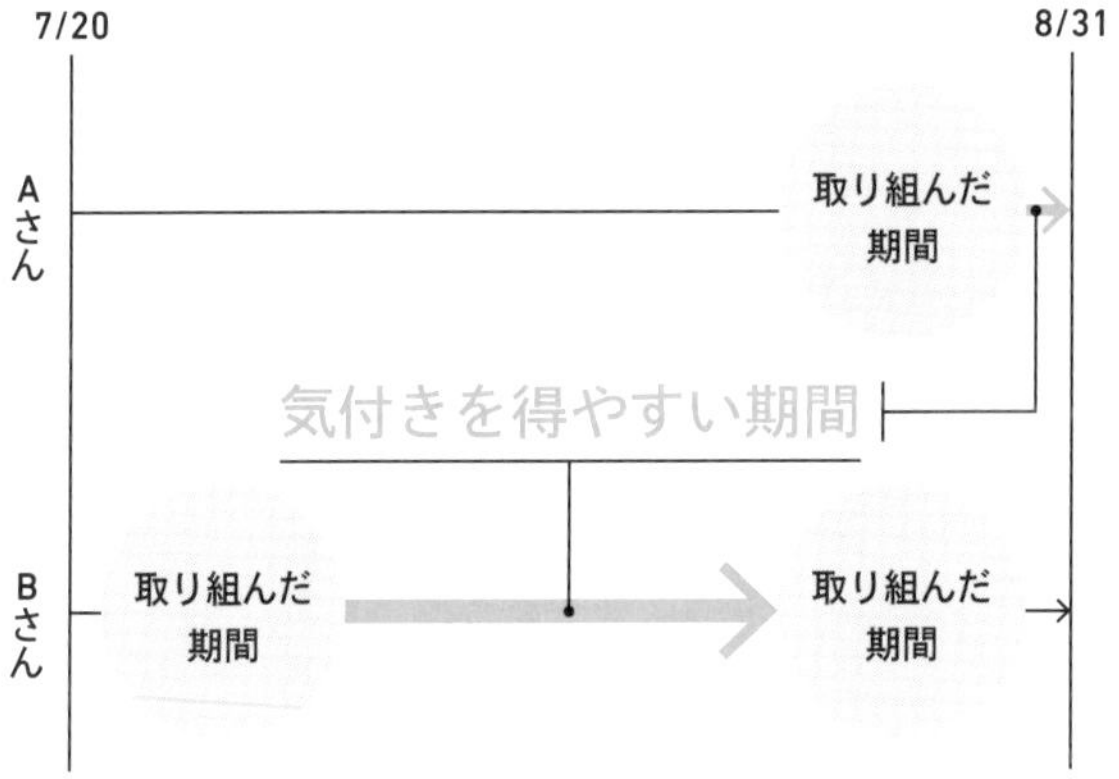

↓

情報収集が早い分、
気付きの総量に差が出る

同じ景色を見ても、入ってくる情報量に差がつく。
途中の過ごし方が変わる。

⟶ 情報を知らないと、情報が手に入らない。
(知識が知識を生む)

将来のことを少しでも考えたBさんは、同じ旅行先に行ったとしても、旅行会社を比較するようになったり、航空会社を調べてみるようになったり、旅行先の地方で暮らすのも悪くないかもなと想像したり……。同じ映画を見ても、映画に出てくるスタッフロールを見て「映画作るスタッフって、こんなにたくさんいるんだ」「知ってる会社も関わっていたのか」といった知識を得るなど、Aさんに比べて入ってくる情報量が増えるのです。**これを「夏休みの宿題理論」と呼びます。**

この理論を仕事に応用すると、仕事そのもののスピードアップを図るのではなく、着手をとにかく早めることが有効であることに気づけます。着手してから、すぐに完成しなくてもいいのです。完成は締め切りギリギリでもいい。

着手から完成までのプロセスでの気付きの総量を最大化するために、とにかく着手を早くするのです。そうすれば、必然的にゴールも明確に見えてくるでしょう。

④ 初動力を高めるYKK理論（やって、感じて、考える）

この時代、正解には誰でもアクセスできますが、「正解はわかっているのに、それを実行することができない」というパターンも多いことかと思います。つまり頭では理解できているのに、「いかに実現するか」という実行フェーズにおいて障壁が出てくるのです。

現実を動かすためには、初動力が必要です。**いうならば「とりあえずやってみる」力です。**情報を集めれば集めるほど、スタートが切りにくくなるこの時代。今まではよく、「ＰＤＣＡ（Ｐｌａｎ〈計画〉→Ｄｏ〈実行〉→Ｃｈｅｃｋ〈評価〉→Ａｃｔ〈改善〉）サイクル」が生産性における品質管理の手法として重宝されてきましたが、これを「ＤＣＡＰ（Ｄｏ→Ｃｈｅｃｋ→Ａｃｔ→Ｐｌａｎ）サイクル」に組み直すなど、順番を入れ替えることの重要性は各所で説かれています。

僕が若手ビジネスパーソンに勧めるメソッドは「ＹＫＫ理論」です。「やって（Ｙ）、感じて（Ｋ）、考える（Ｋ）」です。これはＰＤＣＡが苦手な人向けの考え方です。「やって」が〈行動〉、「感じて」が〈知覚〉、「考える」が〈思考〉。

順番はどこからスタートしてもいいのですが、「まず、やってみよう！」というメッセージを込めて、Ｙからスタートします。ＰＤＣＡでいうと、Ｐ（計画）ではなくＤ（実行）から始めることと、考え方は同じです。

そして、Yの次にやることとは、C（評価）ではなく、K（感じる）、気付きや感想をメモすることです。気付きをヒントにして、次のK（考える）、やるべきことを考えるという流れです。このステップだと自己否定しやすく、改善思考力が深まります。

より精度の高いプランが立てられるので、実行回数に応じて、成功確率が高まります。**「とりあえずやってみる」という、着手に重きをおいた「YKK（やって、感じて、考える）」をオススメします。**

❺ 初動力を高める目標設定

しかし、そもそも目標の立て方がわからない。**そんな人は、思い切って目標を下げてみましょう。**自分が達成できる基準に目標に設定すれば、問題なくクリアできるはずです。達成できると自信がつきます。当たり前のことを言っているようですが、これが初動力を高めるコツなのです。

具体的な手順としては「今日やらなければならないこと」を紙に過剰書きで書き出してみましょう。いわゆる「ToDoリスト化」です。上司やクライアントへの確認事項、資料の作成、打ち合わせの日程や場所の確定、休日の予定のための準備など、ビジネスからプライベートまで何でもすべて書き出します。列挙し終わったら、それぞれのＴｏＤｏに対して着手の順番を数字で記入してみてください。順番を決められなければ、書いた順番に上から順に番号をつけるのでもＯＫです。

ここで書き出したＴｏＤｏが目標です。それを本日中にすべてこなせれば達成です。 10個並べて、３個しかできなくても30％達成です。素晴らしいことです。翌日のＴｏＤｏは３つに絞りましょう。３つのＴｏＤｏだけでは仕事をした気にならない！と思われる方も、安心してください。２００〜３００％達成しても大丈夫なので、まずは３つに絞って１００％以上の達成をしてみましょう。

逆に３つができなければ１つ達成するだけでもＯＫ。上司に何と言われようと、まずは１つクリアできれば十分です。１つのＴｏＤｏができない人が10個の目標を立てると、「できない自分」と向き合うことになるので、だんだん自信を失います。いまの自分が達成できることを知ることが、目標設定の第一歩なのです。

目標設定はスキルです。 最初から上手にできる人はいません。高すぎても頑張れませんし、低すぎても努力できません。だからといって最初から適切な目標設定ができるわけではありません。何度も目標を設定しては、達成率を図り、そのギャップを分析しながら、また改めて設定していく。このプロセスが、目標設定能力を向上させてくれます。ゆえに、最初から高くなくてもいいのです。

目標を達成できる人は、「目標を設定できる」人です。目標を設定するのに必要なのは、決断力です。決断力をつけるには、決断経験数を増やすことが一番です。**つまり、目標設定の回数が多ければ、設定がうまくなるのです。**

数をこなすうちに気づくことですが、目標を高く掲げる必要はまったくありません。目的を達成することが大事なのであり、目標はそれ自体が手段なのです。僕の会社では２００%達成の月が過去にありましたが、単に目標が低かっただけなのです。逆に達成できなかった月でも、前月比できちんと数字を伸ばせている月もあります。目的を「継続的な成長」に置いているためです。

目標が高すぎると、そもそも頑張る気になりません。高い目標を掲げながら毎回70～80%達成という状態を続けていると、「このくらいの達成率でも問題ない」という思考になります。そして「達成しなくても大丈夫」という思考のクセがつきます。例えば、毎回遅刻する人は、決めた時間という目標に対して、遅れても反省しようとならず、そもそも「予定時間に間に合わせよう」と思えなくなるものです。

そうなる前に、目標を下げましょう。70％しか達成できないなら、その70％の数値に100％の基準を下げ、まず達成経験をします。そして、「自分は立てた目標を達成できるんだな」と思考を変えてあげることが大事なのです。

仕事の売上目標で言えば、「1000万円」と掲げて毎回500万円しか達成できなかったら、逆に500万円、あるいは100万円に目標を再設定します。それで500％達成できたら、「できる！」という自信が出てくるので、次は「1000％達成するにはどうしたらいい？」と考えられるようになります。

達成までに1カ月かかる、1年かかるというのは単なる思い込みだったりするものです。

❻ コツはタスクを要素分解すること

「このタスクを終えるのに、どれぐらい時間かかるか」「どれぐらいの労力が必要か」といった推測事項は、過去の自分の達成経験によって計算されます。逆に言うと、そもそも達成経験が少ない人は、一瞬で「今日中にできる」と判断できていないのです。だから「まず勉強してから」「まず資格を取ってから」「まず事例を調べてから」と、積み上げ型で物事を考えがちになってしまうのです。本当にそれが最短の方法かを疑ってかからなくてはなりません。

それには、「そもそもできるものだ」という思考のクセをつけることです。**「その日のうちにできる」ということを前提にして、達成可能なレベルまでにタスクを要素分解するのが、ひとつのコツです。**

営業活動でいえば、「よし、売り上げ達成するぞ！　オーッ！」と気勢を上げただけでは目標達成はできません。まず何をするかの手順の洗い出し、これがひとつめのブレークダウンです。「お客さんに会いに行く↓ヒアリングをする↓提案する↓受注する↓フォローアップする」というように、具体的にやることを順序だてて書きだしてみましょう。

この手順の洗い出しにより、「目標とのギャップはどの程度か」「成果に一番近いタスクは何か」といったように、逆算的にタスクを要素分解するのが一般的でしょう。

タスクの要素分解のコツは、動詞を「動作」に変換することです。

例えば「受注する」という動詞は、自分1人では達成できないタスクです。相手が発注をかけないと、そもそも受注そのものが成り立たないからです。ですから、この「受注する」という動詞を自分が1人でできる「動作」に落とし込んで、「メールを送る」「見積もりを提示する」「質問をする」「電話で意向を確認する」などのタスクに分解します。相手ありき、タイミングが自分でコントロールできないことを目標にするのではなく、「動作」、つまり自分の手と足を使って、自分がコントロール可能なことまで落としていくのです。

まとめ

❶「初動力」とは「とりあえずやってみる」力

初動力をつけるために必要なのは「決断力」。すぐにやることが難しければ、「決める」ことだけ早めよう。

❷スピードを速めれば、クオリティも高くなる

変化が加速する現代において、じっくり準備している時間はない。スピードを速めることが品質を高める。

❸ゴールが見えなければ、「着手を早める」

着手が早い人と遅い人とでは、たとえゴールが同じ地点でも、気付きの総量差によってクオリティに格段の差が生まれる。

❹「PDCA」ではなく、「YKK」

「やって（Y）、感じて（K）、考える（k）」。「とりあえずやってみる」は、先が読めない時代において何よりも強力な武器になる。

❺目標を立てられなかったら、思い切って下げる

いまの自分が達成できるレベルを知ることが目標設定の第一歩。無理に高い目標を掲げる必要はない。「できること」のレベルを一つずつ高めよう。

❻困ったらタスクを要素分解していく

「その日のうちにできる」ということを前提にして、達成可能なレベルまでにタスクを分解できれば、初動力は高まる。

Chapter

2

初動力を高めるフレームワーク

初動力を高める最大のコツは、すぐに動き出せるように自分の思考や行動のテンプレートをつくっておくことです。普段から仕事をパターン化できていれば、どんな案件が上がってきても、すばやく対応して実行に移すことができます。本章では効率的なフレームワークの実例をピックアップしてご紹介します。

Stage 02

付加価値を宿すクセをつける

初動力を高めるにはまず、自分の頭で考えることが必要です。仕事の正確性を重視するあまり、常に「どうしたらいいですか？」と上司の指示を伺っていると、自らのアウトプットは向上しません。自分の頭で考える習慣が身につかず、思考停止に陥ってしまうためです。

他方で、どんな仕事でもまず自分の頭で考えてから行動できる人は、「仮説」と「検証」が習慣化されています。すべてのアウトプットに付加価値が宿り、仕事の質と周囲からの信頼が同時に高まります。

オススメは、「どうしたらいいですか？」ではなく「私はこう考えますが、あってますか？」と聞くことです。これをヒアリング時のテンプレートにしましょう。

自分の言葉で考える

「私はこう考えますが、あってますか？」という聞き方には、特定の課題に対する自らの思考が含まれています。つまり、自分で考えていなければできない質問なのです。そのため、この言葉をテンプレートにすると、まず自分でファーストアウトプットをまとめるクセが身につきます。

たとえばツイッターをしている人であれば、無言でリツイートするのではなく、自分の言葉を添えてリツイートすること。ちょっとした感想を付け加えるだけで、付加価値を宿す習慣となります。

クセをつけてしまえば何てことはないのですが、習慣化していないと、意見を求められても言葉が出なかったり、何を言えばいいのかわからなかったりします。

僕も、社会人になりたての頃はそうでした。ビジネスは、学生時代と違って正解がないですし、人によって物事の捉え方も異なります。ときには、上司や先輩に合わせる必要もあるでしょう。そのような判断力を養うためにも、まず自分の言葉で思考しましょう。

コメントを付けて発信する習慣を

たとえば、あなたはニュースを見てどのような意見を持つでしょうか。

単純に「おもしろそう」と思うだけではビジネスにつながりません。そうではなく、「どのような仕組みでそうなっているのか?」「どのようなサービスにつながるだろうか?」などと発想すると、ビジネスとしての思考が広がっていきます。

そこから「自分はこういうアイデアがあります。どう思いますか?」などと上司や先輩に質問すれば、会話が膨らみます。大切なのは意見の精度ではなく、考える癖をつけて、それを発信することです。

具体的な行動としては、ツイッターやNewsPicksなどでコメントをつけて発信すると、いい練習になります。

もちろんブログなどでも構いません。それに対するレスポンスから、思考の質を徐々に高めていきましょう。

意見の発信と応答は、ビジネスにおける「言葉のキャッチボール」の基本です。意識的に発信を続けるようにしたいものです。

仮説力が初動の精度を高める

初動力は「仮説力」によって養われます。

仮説を立てるスピードを速くして、その精度を高めていくことが大事です。その繰り返しが仮説力を高め、初動力の向上につながります。

「あとでじっくり考えよう」「あとで読もう」と考えている人は、いつまで経っても初動力が高まりません。思考の精度も低いままです。

今すぐ仮説を立てること。仮説力を鍛える方法は、日常の中にたくさんあります。

まとめ

いきなり聞くのではなく、自分の言葉で考える。
自分の考えを発信する習慣が初動力を養う。

Stage 03

目標を「動作変換」する

目標とするゴールがあいまいなタスクは、具体的な動作に落とし込みましょう。

たとえば、あるベンチャー企業が「5年後に上場する」という目標を掲げたとします。しかし、それだけでは具体的な動作につながりません。

次のステップでは、実行を動作に変える「動作変換」が必要です。

必要な項目をピックアップし、要素を分解、そこからさらに実際の作業へと落とし込んでいきます。

抽象度の高い目標・目的ほど、こうした準備が欠かせません。

売上を上げるために必要なこと

たとえば、「売上を上げる」という目標について考えてみましょう。

「売上を上げる」ことを要素分解すると、「顧客の整理（新規・既存）」「商品単価の向上（メニューの拡充）」などの要素に分けていくことができます。

そのうち顧客について言えば、「Ｅｘｃｅｌに顧客を列挙する」「顧客を分類する」「分類した各顧客へのアプローチ手法を検討する」など、さらに具体的な動作に落とし込むことが可能です。

また商品企画については、「メニュー見直し」「競合調査」「新規企画」などに要素分解し、期日を決められたら、タスクは動作化できます。

あらゆる目標は動作に変換することで、実現可能性が高まります。

動作変換＝初動力アップ

初動が遅い人ほど、タスクをＴｏＤｏリストに入れたままになっていることが多いです。いわゆる「キャパオーバー状態」では、次のチャンスをものにできません。

タスクを可視化し、一覧できるようにするのはいいのですが、それだけでは初動につながりません。動作への変換が必要なのです。

先程の例から挙げれば、「売上を上げる」から「顧客を整理する」というタスクに変換したのはいいのですが、必ずしも、動作化されたとは言い切れません。その言葉が動作化されるのは、人のスキルによるからです。「顧客を整理する」だけで行動に移せる人にとっては動作化できています。一方で、その言葉だけでは行動できない人にとっては、動作化できているとはいえないのです。

Excelを使うのか、ホワイトボードを使うのか、会議で議論するのか、まずは1人で叩きを作るのかなど、自分自身が動作をイメージできるところまで分解できてはじめて、初動につながります。

タスク化やToDoリスト化は得意であっても、実際の行動に結びついていない人は、まず、その対象が動作まで分解できているかどうかを、自問自答しましょう。

動作化は、具体的な行動に落とし込むことと同義です。

動作変換を繰り返せばゴールは自ずと近づいてくる

タスクを動作化できる人は、どのような目標にも着実に近づいていけます。すべての目標がToDoリスト化でき、動作変換が可能です

動作変換を繰り返していけば、どれほど大きな目標もいずれ達成されます。

ただ大きな夢や目標だけを掲げていても、実際に何をすればいいのか見えてこないでしょう。その対象が大きければ大きいほど、実現は不可能なように思えてきます。

しかし、タスクを動作化し、締め切りの期日を決めてしまえば、やるべきことは明らかです。「上場する」でも、「プロ野球選手になる」でも、要素分解し、動作変換すれば、あとは日々の行動です。

あらゆる夢や目標は、そのようにして実現されているのです。

まとめ

あいまいなタスクは、具体的な動作に落とし込んでいく。動作化の定義は人それぞれ。自分が動作をイメージできるところまで言語化してみよう。

Stage 04

会議を「GAT」で進める

会議の良し悪しも、初動ですべてが決まります。
会議を効率的に進めるためのフレームワークが「GAT」です。

- **G（ゴール）：何が決まればOKなのか定める**
- **A（アジェンダ）：話すべき項目を列挙する**
- **T（タイム）：時間配分を決める**

僕の経営する会社でも、GATにしたがって会議を始める前に主催者がゴールを言語化し、アジェンダを示し、会議に費やす時間は原則30分以内としています。

ゴールのポイント「何ができればOKなのか」

会議の進行が上手な人は、「何ができればその会議は成功なのか」、会議の目的を言葉で定義します。

ゴールや目的が明確ではない会議は、会議自体の良し悪しが評価できません。**自分が主催する会議では、開催前に「何ができればOKなのか」を伝えて、参加者の認識を合わせることが大切です。**

とくに決めごとがない場合は「情報共有の時間です」と伝えるだけでも、参加者に余計な準備をさせずに済みます。自身が参加者の場合でも、「ゴールは何か」について遠慮せずに聞くべきです。

会議のゴールをホワイトボードなど、みんなが見えるところに書いておくと、脱線しても戻れるのでオススメです。

アジェンダのポイント「列挙しておく」

アジェンダは「議題」の意味です。

たとえば商談する際には「目標（数字）」「現状（定量と定性）」「課題感」「懸念点（進

会議を高速化するフォーマット(GAT)

MTG1（クライアントへの企画提案について）

G：資料作成のスケジュールと役割分担を決める

A：情報共有　案出し　役割決め　期日の設定／連絡手段の決定

T：10分　10分　5分　5分

合計　30分

MTG2（進捗共有会議）

G：次回までの改善策を決める

A：数字の共有、施策の決定、担当者の決定

T：5分　5分　5分

合計　15分

める上で障害になることなど）」のようなアジェンダが考えられます。

アジェンダは箇条書きでＯＫです。メモ程度に単語を並べるだけでも、事前に書き出しておくことでお互い準備ができます。

ゴールが決まっていれば最悪、アジェンダがなくても大丈夫です。項目として可視化されていることで、議論の質を高めることができます。特に２回目以降の打ち合わせであれば、前回の打ち合わせで話した内容などが参加者全員の認識合わせとして、機能することがあります。

タイムのポイント「時間配分を決める」

「まとめの時間」を事前に押さえておくのがポイントです。以下はよくないパターンです。

- ・上司や会議オーナーが時計見て「あ、時間すぎてる！」とあわてる。
- ・次の予定や会議がある人が、あわてて部屋を出ていく。
- ・その議論で何も決まらず、次のアクションも決まってない。

もちろん、時間内に議論が終わりそうにない場合もあります。ここでオススメの方法があります。**それは終了する5分前になったら、次を決めること。**「残り時間も少なくなってきたし、ネクストアクション、決めましょうか」と発言することです次回の日程を決めたり、各自の宿題を決めるなどの「アクションプラン」につなげましょう。また、日程調整はその場で行なってしまうことをオススメします。参加者に決裁者がいる場合、会議後の日程調整に時間を取られる可能性が高いからです。

GATは「事前に伝える」ことが重要です。会議の不満が多い組織は、ゴールやアジェンダが不明確という場合が多いです。仮に事前に渡せない場合でも、会議が始まる最初にゴールとアジェンダを伝えるだけでも仕事の質が高まります。

まとめ

「準備一生、勝負一瞬」会議を本番と捉えると、仕事とは準備の連続である。GATに沿って準備をすれば、本番で慌てることが劇的に減る。

Stage 05

マウスは使わない

作業スピードは、マウスを使わないことで格段に上がります。

キーボードで文字を入力しているとき、マウスを使おうと手をのばすと、その動作だけでロスが生じます。その回数が多くなればなるほど、ロスは積み重なっていきます。

一方で、マウスを使うのではなく、キーボードのまま「ショートカット」を活用することで、動作のロスがなくなります。

単純に考えて、ショートカットを１００個覚えておけば、マウスに手をのばす動作が１００回分も節約できます。それだけでもかなりの時短になります。

最低限でも覚えておいてほしい代表的なショートカットを、次に挙げておきます。

代表的なショートカット

Windows

Ctrl ＋ C ＝ 文字やデータをコピー

Ctrl ＋ V ＝ コピーや切り取ったデータの貼り付け

Ctrl ＋ A ＝ 表示されている文字やファイルをすべて選択

Ctrl ＋ X ＝ 文字やデータを切り取る

Ctrl ＋ F ＝ 検索ウィンドウを開く

Mac

Command ＋ C ＝ 文字やデータをコピー

Command ＋ V ＝ コピーや切り取ったデータの貼り付け

Command ＋ A ＝ 表示されている文字やファイルをすべて選択

Command ＋ X ＝ 文字やデータを切り取る

Command ＋ F ＝ 検索ウィンドウを開く

これらの動作をマウスで行う場合、「右クリック」を使うことになりますが、腕や手首の動作も伴うため時間的にも肉体的にも負担になります。

他方で、ショートカットを活用すれば、キーボードに手を置いたまま指の操作だけで完結できます。

この違いは大きいです。

肉体疲労を軽減させる

デスクワークは、頭脳やメンタルだけでなく、フィジカルの部分もケアしなければなりません。

事実、マウスを頻繁に使うよりも、ショートカットを駆使したほうが首や肩のコリも軽減されます。疲労が蓄積しにくくなれば、それだけ仕事のパフォーマンスも向上するでしょう。

また、マウスに手を伸ばす数秒の動作が積み重なると数分、数時間、数日というように、活動時間を奪っていきます。小さな行動も、蓄積すると大きくなり、それなりの作業の負担になっていきます。

このように、労力と時間、双方の観点からマウスの多用は避けるべきです。**理想は、マウスを使わない環境をつくることです。**

定型文や語句を登録しておこう

ショートカットに関していうと、よく使う場所の住所やＵＲＬなど、定型文や語句の登録も積極的に活用しましょう。

僕の場合、会社の住所やメールアドレス、よく使うカフェのＵＲＬなど、最初の文字を入力するだけで瞬時に入力できるようにしています。

たとえば、「あ」と入力したら「アドレス」が表示され、「じ」と入力したら「住所」が自動的に表示されます。

このように定型文を登録しておけば、いちいち入力することなく、キー操作を減らせます。

普段の行動を見直し、よく入力する項目や行く場所などがあれば、どんどん定型文に登録しましょう。

最低限、住所、ＵＲＬ、メアドはすぐに表示されるようにしてください。これだけでも、初動力はかなり上がっていきます。

まとめ

ショートカットを利用してマウス操作を減らすこと。マウスを使わなくなれば、仕事のスピードは自然と速くなる。

Stage 06

デュアルディスプレイで作業スピードを3倍に

パソコン作業は、モニターの数で勝負が決まります。

作業効率を高めるには、デュアルディスプレイが最適です。モニターを1枚から2枚に増やすだけで、作業スピードは3倍になります。

モニターが1枚だけだと、情報の受信と送信を使い分けることができず、操作の度に切り替えが必要です。切り替えの手間もさることながら、注意力が分散してしまいます。

そうならないよう、モニターを2枚にし、受信と送信を分けるだけでも効率は上がります。視点を変えることで、脳の使い方を強制的に切り替えることができるのです。

マルチタスクへの対応

現代人の多くは、マルチタスクが基本となっています。

仕事に関して言えば、パソコンで資料を作りながらメールやチャットの送受信をこなし、複数のプロジェクトに気を配りながら、ミーティングや打ち合わせ、商談などに参加している、といった人も多いでしょう。

またプライベートでも、テレビを見ながらパソコンで音楽を聴き、スマートフォンでSNSをチェックしている人もいるかと思います。若い人ほど、そのようなマルチタスクに精通しているのではないでしょうか。

デスクワークに関しても、複数の業務をこなさなければならないとすれば、画面を増やしたほうが仕事進みやすいのは確かです。その点、デュアルディスプレイは、現代人に必須の環境と言えそうです。

受信と送信で脳を切り替える

とくに受信と送信という2つの作業に関しては、意識して、脳を切り替えるようにしましょう。

ビジネスの基本はコミュニケーションにあります。そしてコミュニケーションは、端的に受信と送信で成り立っています。

そのため、自分の意見を発信できるだけでなく、相手の意見をしっかりと聞く姿勢も必要です。 どちらかを優先するのではなく、切り替えながら適切に対応できる必要があります。

受信するときは、相手の出方や反応を見て、次の行動を読みながら思考しておくこと。発信するときは、相手がどのような思いを抱き、決断するのかまで予測して行うこと。そのような心がけが欠かせません。

しかも相手は1人とは限りません。複数の人と同時にやり取りをすることも加味して、受信と送信に対応できる環境を整えましょう。

モニターに私財を投じる意義

作業スピードと効率性を考えると、モニターへの投資は非常に費用対効果が高いです。

もし、会社がモニターを提供してくれないのであれば、自分でお金を出して買いましょう。それだけの価値は十分にあります。

高価なモニターを買う必要はありません。1万5千〜2万円も出せば、それなりのディスプレイが手に入ります。使用しているモニターとの兼ね合いも含めて、購入を検討しましょう。

画面が増え、作業領域が大きくなると、脳の切り替えだけでなく思考範囲も広がります。受信と送信を軸に、デュアルディスプレイによって、初動や着手スピードを高めていきましょう。

まとめ

生産性の向上にデュアルディスプレイは必須。受信と発信を切り替えて、脳を使い分けよう。

Stage 07

資料作成はフォーマットを活用

資料作成は、すでにあるフォーマットを使うのが王道です。

そもそも資料作成の方法は、学校で習うものではありません。社会人になってから学ぶものですが、手取り足取りではなく、見様見真似で学習するケースも多いでしょう。

また会社によっては、基本となる型（フォーマット）が共有されないケースもあります。社内の競争が激しい場合はとくにそうで、先輩のやり方を見て覚えたり参考にしたりしながら、自分の型をつくっていくこともあります。

ただ、自分で型をつくるのには時間がかかります。先人がすでに考え尽くしたことを、ゼロから考える必要はありません。短時間で品質の高い資料を作成するには、フォーマットをフルに活用しましょう。

最短距離は、上司や先輩からもらうこと。もらえないなら、ネットや書籍を参考にして、優れたフォーマットをどんどん採用しましょう。

オリジナルへのこだわりは不要

オリジナルの資料を作成するべく、1週間も2週間も時間をかけている人がいます。努力する姿勢はともかく、生産性という観点からはマイナスです。

たとえば、数学の問題を解くとき。いちいち公式をつくる人はいないでしょう。すでに先人が考え出した公式があるため、それを覚え、活用するのが基本です。

とくにテストのときは、限られた時間で結果を出さなければなりません。その場で公式を考えている人に、及第点をとることはできません。

それと同じように、仕事における資料のフォーマットもゼロからつくる必要はありません。**先人が生み出したものを活用し、最短距離で最大の成果を目指しましょう。**

資料の本質はどこにあるのか?

私自身、若手時代にはよく「体裁はどうしようかな」「色はどうしようかな」などと、資料作成に悩んでいたものです。

しかし、上司や先輩の会議に参加し、使用している資料を見て唖然としました。なんと、それらの資料は白黒、テキスト、箇条書きで構成されていたのです。

書かれている内容も「スマホの動画のビジネスについて」や「誰がやるのか」など、非常にシンプルなことだけです。それで、予算も目標もないまま、次々と物事が決まっていくのです。**そのとき私は、体裁や色、立派なグラフなどは不要なのだと気づきました。**

またアマゾンやトヨタなどでも、プレゼン時にパワポの使用を禁止するなど、シンプルな資料作成を推奨しています。資料作成そのものを目的化しないよう、そのような措置をとっているのでしょう。

本当にやるべき仕事に注力するために

資料は会議などで使用するためにあります。そして会議は、決断と共有が目的です。そう考えると、資料作成に時間をかけるべきでないのは明白です。すでにあるフォーマットを積極的に活用しましょう。少なくとも、ゼロからつくる必要はありません。

資料作成に費やす時間と労力を省力化し、本当にあなたがやるべき仕事に注力してください。オリジナルへの無意味なこだわりは、仕事の本質ではありません。先人の知恵を活用するべく、優れた骨組みは容赦なくパクリましょう。

まとめ

資料はゼロからつくらない。
優れたフォーマットを活用し、短時間・低労力で完成させよう。

Stage 08

資料作成は5分だけ手書きをする

前項ではフォーマットを活用した資料作成の方法をお話ししましたが、フォーマットがそもそもない場合、あるいは最初から自分で作成したほうがいい場合は、資料作成は最初の5分だけ手書きで行うようにしましょう。

資料作成などの依頼を受けたとき、いきなりワードやパワーポイントを開くのではなく、まずはノートなどに構成・設計を手書きすることです。

全体像や設計図がないまま資料をつくろうとすると、頭の中で考えながら手を動かすことになり、作業スピードもアウトプットの精度も落ちてしまいます。まずは手書きで全体像・設計図を書いてみるのです。

手書きを挟むことで、考える工程とつくる工程を分けることができます。

資料作成に限らず、最初に手書きで作業することで、構造が把握しやすくなるので

す。

スケッチで全体感をつかむ

デザイナーが行うスケッチも原理は同じです。

デザイナーに、「ホームページをデザインしてほしい」「商品ページを新しくしてほしい」などと相談すると、たいていの場合、最初は手書きでスケッチします。手書きで描くことによって、構成のイメージや、色、デザインなどを柔軟に表現できるためだと思われます。事実、パソコンで作図するより、はるかに手早くイメージの要件定義が実現できます。

そのように、まず手で書いてみるクセをつけると、構成や全体感がつかみやすくなります。

いきなりパソコンに向かってしまうクセがある人は、ノートを持ち歩き、ノートを使って考えることも体得できるといいでしょう。

手書きは「思考の制約」がない

手書きの良さは、自由度が高いことに加えて、修正や構成がしやすいことにあります。

パソコンで資料を作成していると、簡単に書いたり修正できたりすると思いきや、制約があるためそれほど柔軟な対応はできません。

たとえばＷｏｒｄやＥｘｃｅｌを利用すると、縦や横の線はすぐ引けるのですが、斜めに線を引くのは難しいです。

また、グラフや図の移動にも制限がかかり、思うような画が描けないことがままあります。

一方で、最初からパソコンを使わずに手書きで作業を進めるようにすれば、フリーハンドで何でも書けますし、特定の部位のみ消すこともできます。その点、思考の制約がほとんどありません。

何自由な空間ででもできるという状態が、新しいアイデアや発想の誕生を促してくれます。

最初に全体像をつかんでから書く

とくに、資料を作成していて、途中で全体像が見えなくなってしまう人は、全体がイメージできるまで手書きしてみましょう。

本の執筆も、いきなり文章を書き出すのではなく、まずはノートなどに盛り込みたい要素を箇条書きにしていく作業からはじまります。

そこであがってきた項目を分類したりピックアップしたりしながら、全体の構成を組み立てていく。そのようにして最終的に印刷された本になったときの構成が決まってくるのです。

実際に書き出すのは、ある程度構成が固まってからです。全体像が見えないまま書いても、まとまりのない作品になるだけです。

資料作成においても、最初の5分だけでいいので、できるだけ効果的に手書きを活用しましょう。

まとめ

全体像をつかむには、紙とペンを使って手を動かすことが大事。資料作成は、「考える工程」と「作る工程」を分けてみよう。

Stage 09

議事録は写真で共有する

会議での目的は現実を変えることです。議事録を残すことは大切ですが、目的ではありません。

会議のたびに、詳細な議事録を作成している人がいます。たしかに議事録は大事なのですが、丁寧に文字や図を書いていると時間がかかってしまいます。

議事録の作成に夢中になって会議についていけないとしたら、本末転倒です。また、会議で決まった事柄を実行に移す前に、議事録の作成に時間をとられてしまうのも避けるべきです。それでは初動がどんどん遅くなります。

そこで、会議の内容は写真で撮ると決めておきましょう。商談など、他のコミュニケーションでも同様です。

会議に参加しながら議事録をつくるのは無謀

重要な会議や商談などは、未だに対面が好まれます。

その理由は、ITツールなどを駆使しても、会話に勝るインタラクティブコミュニケーションが実現できていないためだと思われます。

つまり、既存のテキストコミュニケーションでは、脳のスピードに追いつくことができず、心地よいディスカッションができないのです。

そう考えると、どれほど速く的確にタイピングできたとしても、会話に参加しながら議事録をまとめるのは、非常に高度なスキルが求められます。文字起こし程度であれば、録音してアウトソースしたほうが合理的です。

そうであるのなら、最初から議事録としてまとめようとせず、写真で撮ると割り切ってしまったほうがいいのです。

アイデアを出すときはそれに集中するべし

僕の会社では月に一度、役員合宿という時間を設け、とにかく発散することに集中します。経営課題はもちろん、人事、新規事業、会社の設立など、幅広いアイデアをひたすら出し合います。

一方で、誰が、何を、いつまでにやるのかについては、日を改めて決めます。発散と収束を明確に分けることによって、強制的に頭を切り替えているのです。

強制的にアイデアを出し合わなければならないときに、無理して議事録を作成しようとすると、話についていけません。正確に記録することと、アイデアを出すことは、頭の使い方がそれぞれ別なのです。

写真を撮って、誰もがアクセスできる場所に共有しておくこと。そのほうが、はるかに合理的です。

議事録の作成は廃止してもいい

もし、議事録を十分に活用できないと思うのなら、議事録の意義そのものを疑うべきです。

たとえば、上場企業の取締役会であれば、絶対に議事録が必要です。それは、監査上の決まりなので避けられません。

一方で、そのような事情もなく慣例的に議事録を作成しているのであれば、利用状

況を見直し、廃止するのもひとつの手です。議事録の作成が、会議の質を低下させているると思われるなら、なおさらです。

議事録を作成する時間、完成した議事録を共有する時間、どちらも不要ならなくすべきです。そのようなタスクに時間をとられないよう、写真を撮って共有してしまいましょう。

まとめ

会議の時間は議論に集中すること。不要な議事録の作成は、写真の共有に切り替えよう。

Stage 10

SNSで人脈をメンテナンスする

仕事のスピードを上げるうえで、人間関係は非常に重要です。

人間関係が良好であれば、気兼ねすることなく上司や同僚に相談することができます。相談することによって、自分の頭と他人の頭を活用したアウトプットを生み出せます。

そもそも、誰にも相談せずに進められる仕事は、それほど難易度が高くありません。それはあくまでも、ひとりで完結できる仕事です。

他方で、いろいろと調べ物をしたり、人に相談したりしながら行う仕事は、自分だけでは完結できない仕事です。そのような仕事が、自分を成長させてくれます。

そこで大切になるのが、相談する際の潤滑油になる人間関係やコミュニケーションです。

理想は「いきなり本題に入れる関係性」

人間関係やコミュニケーションで重要なのは、できるだけ短時間で本題に入れる関係性を構築することにあります。

もちろん、丁寧にあいさつをすることも大事です。ただ、お定まりのあいさつや近況報告から入らなければならない関係性は、双方に一定の距離があることを意味します。

そうではなく、簡単なあいさつをするだけで本題に入れる関係性こそ、最も生産的です。そのためには、あらかじめ関係性を深めておかなければなりません。

そこで活用したいのが「雑談」です。雑談でお互いを知り合い、距離を縮めておけば、いきなり本題から入ることも可能になるのです。

雑談で関係性に〝脈〟を打つ

たとえば、オフィス環境の場合。ちょっとすれ違ったとき、積極的に雑談をしてみましょう。とくに、一緒に仕事をしている仲間やチームメンバーに声をかけることが大事です。会話がない＝脈がない＝血行不良（関係不良）ということです。

また、非対面のシーンでは、ＳＮＳの投稿に反応したりコメントしたりする方法があります。そのようにして、存在に触れ合うことがお互いの距離を縮めます。

徐々に距離が縮まり、いきなり本題に入れる関係性になっていると、それが「人脈」として機能します。**人脈とはつまり、いきなり本題に入れる関係性のことです。**

僕の場合であれば、母校出身の社長たちとはよく雑談をする間柄であり、いきなり本題に入れる関係性になっています。それは単に仲がいいというよりは、戦略的に貢献や地ならし、そして関係性の脈を打ってきた結果です。

このような人脈が増えていくと、初動の打ち手も増えていきます。

構築した人間関係を維持していくこと

サイバーエージェント時代の同僚たちも、僕にとって大きな人脈です。

かつてサイバーエージェントで働いていたというだけで、すべての同僚が人脈になるわけではありません。在籍中も退職した後も、会話やメッセージでのやり取り、あるいはＳＮＳでの交流があったからこそ人脈になっています。

人脈を形成し、それを維持していく努力が大事です。つながっていると、久しぶりに会った相手でもすぐ本題に入れます。

雑談によって人脈をつくり、ＳＮＳなどを活用して維持しながら、いつでも本題に入れる人間関係を構築していきましょう。

まとめ

人脈にはメンテナンスが必要。
雑談で関係性に脈を打ち、「いきなり本題に入れる間柄」を築こう。

Stage 11

アジェンダのない会議をやっておく

ときには、あえてアジェンダ（議題）を設定しない会議も必要です。

同じオフィス空間で働くことが当たり前だった時代は、アジェンダを設定せずに会議を開き、副次的に感情の共有などができていました。

しかしリモートワークが当たり前の時代になると、徐々にそのような時間が減っていくものです。そこで、あえてアジェンダを設定せず、感情を共有する時間を設けてみてはいかがでしょうか。

アジェンダのない会議は、お互いの「阿吽の呼吸」をすり合わせる場になります。

また、情報だけでなく感情の共有によって、メンバーの熱量を測ることもできます。

「何を大切にし、何を成し遂げたいのか」をお互いが理解し合うことは、非常に大切です。

目指すは「阿吽の呼吸」

新規事業や事業の見直し、立て直し、改革などのプロジェクト時には、それぞれの思いを共有することが求められます。

あらかじめ思いを共有できていないと、方向性のズレが生じ、本音が見えず、すれ違いが生じてしまうかもしれません。

プロジェクトが進んでいったり、事業が成長したりすると、会議の時間はどんどん取れなくなります。これまで1時間だったのが30分、15分と減り、週に1回だったのが半年に1回、月に1回と少なくなっていくのです。

そのような状況でも、一丸となって行動できるかどうかは、いかにアジェンダのない会議をしてきたかにかかっています。

「戦略的社内会食」で感情を共有

感情を共有する時間を設けていると、仕事のスピードも上がります。コミュニケーションにかかる時間が減り、ロスも少なくなるためです。

このようなアジェンダのない会議を**「戦略的社内会食」**と呼ぶ会社もあります。

赤ちゃんは、特定の議題を設定することなく、自分の感情に応じてコミュニケーションを図ろうとします。それと同じように、チームや組織内でも、「バブバブの時間」を設けてみてはいかがでしょうか。

海外のベンチャー企業などでは、モーニングや昼食会、ピザパーティーなど、事あるごとに感情を共有するシーンがあります。それを意識的に用意できれば、日々の業務にも影響してくるはずです。

人と人で行う会議の意義とは

「会議にはアジェンダが必要だ」「ミーティングは30分以内に行おう」などのルールを突き詰めていくと、最終的にはＡＩに仕事をとられてしまいます。

持っている情報から最適解を導き出すのは、ＡＩが最も得意とするところです。それだけを目的とするなら、人間が出る幕はありません。

ただ、最適解を目的にするのではなく、意志や感情を共有するための会議であれば、人間同士で行わなければ意味がありません。そしてそこで共有されるものこそ、これからのビジネスに不可欠なものだと思います。

社会のために何ができるか、何を実現するために自分たちの仕事があるのか。そのようなミッションを共有し、阿吽の呼吸で動けるようになることこそ、ビジネスの根幹ではないでしょうか。

まとめ

アジェンダがない会議を戦略的に行おう。
「社内会食」でお互いの意志や感情、ビジョンを共有する。

Stage 12

「損切り」スキルを高める

初動を早めて決断の数を増やしていくと、失敗も増えていきます。

初動を早くすればするほど、こなせる仕事の量が増えていき、担える仕事の数も多くなります。成果と失敗の数は仕事の量（母数）に比例するため、同時に失敗も多くなるのです。

その失敗が、仕事の質を高めることにつながります。失敗を改善していく過程で、アウトプットの精度が向上していくためです。

場合によっては、うまくいかないプロジェクトや会議体が生じることも出てくるでしょう。そのようなときには、不要なものをバッサリ切ってしまいましょう。**つまり「損切り」です。**

企画倒れを認めて、スパッと切っていくことも、初動力のひとつとなります。

見切りをつけて次に進む

損切りをすれば、無駄な作業を引きずることなく、次の仕事へと移ることができます。大切なのは、無理をして続けないことです。

スポーツで言えば、特定の練習量を増やしすぎると怪我のリスクも高まります。特定の部位に疲労が蓄積し、回復が遅れてしまうためです。

本来であれば、そうなる前に別の練習を積み重ねていき、総合力を高めることが求められます。しかし、同じ練習にばかり固執してしまう人は、効果が限定されるだけでなく、いたずらに怪我のリスクを高めてしまうのです。

そこで、どこかの段階で別の練習に切り替えていくこと。成長が見られない部分は見切りをつけて、次に進んでいくこと。それもまた、ひとつのスキルとなります。

朝から晩まで走り込みばかりしている人もいますが、せめて午前中だけにして、午後は別の練習に切り替えるなどの柔軟性が求められます。

無駄な会議は損切りしよう

組織の場合であれば、「振り返りの会議」や「進捗会議」など、ただ慣例として続けている会議があるかと思います。本来、意図のあった会議体も、時の経過とともに不要になることもあります。**そんなときは、思い切って損切りしてしまいましょう。**

決断や共有ではなく、単なる報告だけが増え続ける会議体は、組織に疲弊をもたらします。やがて、仕事そのものがつまらなく感じられてしまうかもしれません。それがメンタル不調につながることもあります。

メンタルの不調は、怪我のように目に見えるわけではありません。しかし、目に見えない不調を放置していくと、組織はゆるやかに崩壊してしまいます。そうなる前に、対処する必要があるのです。

いきなり廃止するのが難しいのであれば、回数や参加者を減らすなどの対処をしていくことが求められます。

損切りが増えれば、初動も増える

怪我をした選手は、交代するのが当然です。それは「撤退」でも「挫折」でもなく、シンプルに適切な対応と言えるでしょう。再起不能になるまで頑張ってしまえば、自分もチームも大きな損失です。

ビジネスも同様で、大きな損失が発生する前に損切りすれば、次のチャンスをつかむことができます。反対に、損切りできずに傷口を広げていけば、取り返しのつかないことになりかねません。

失敗を認めたくない気持ちはわかりますが、小さな失敗から学べることは多く、またその学びを活かしてこそ次があります。**損切りが上手な人ほど、初動が増え、かつ成功への機会も増えていくのです。**

自分を追い込んでしまいがちな人ほど、損切りする勇気をもちましょう。

まとめ

不要なものを切る「損切り」はひとつのスキル。見切りをつけられると、次のチャンスがやってくる。

Stage 13

紙は捨てる！

損切りの物理的なアクションのひとつとしては、不要な紙を潔く捨てることが大切です。

初動が増えていくと、アウトプットも増えます。具体的には、企画書が増えたり、提案書が増えたり、メモが増えたりします。とにかく量をこなすために、資料を作りまくることもあるでしょう。

そのような行動は、初動の速度と精度を高めるために不可欠です。大量行動の繰り返しが、仕事の質につながるのは間違いありません。

ただし、そのとき作成した資料は、取っておくのではなく捨ててしまいましょう。あとはデータがあれば復元できますが、その多くはなくなっても困らない類のものです。

物理的な損切りが、初動力の向上につながります。

「使えるかも」という期待を捨てる

捨てられない人によくあるのが、「どこかで使えるかもしれない」という発想です。そこから、「捨てるのはもったいない」「とりあえず取っておこう」などの考えが生まれます。

たしかに、作成した資料が別のシーンで使えることもあるかもしれません。可能性から考えればゼロではないでしょう。

しかし重要なのは、そのような守りの姿勢によって、クリエイティビティが損なわれてしまうという事実です。

「いざとなれば過去のものを使う」という姿勢が、新しいものを生み出そうとする自分の創造力を損なってしまうのです。

ビジネスの世界では、過去の成功体験を重視するあまり、新しい事業にチャレンジできず衰退していく企業が無数に存在しています。必要なのはチャレンジを続ける姿勢です。

自分が過去に作成した資料に、いつまでも期待するのを止めることから、初動力は高まっていきます。

過去の実績に執着しないこと

過去に行った仕事にいつまでも執着する姿勢は、成長の範囲を限定させてしまいます。

よくあるのが、40～50代でアーリーリタイアした人が、それまでの人脈だけで顧問業をしているケースです。

もちろん、過去の人脈を活かすことは大切です。

しかし、過去の人脈だけに頼っている以上、過去を超えることはできず、また新しい人脈は広がっていきません。

むしろ、年齢を重ねたぶんだけ、できることが減ります。新しいチャレンジがなくなると、気づきが減ります。

「キャリアの棚卸し」という言葉もありますが、棚卸ししたものだけに囚われていると、自分の可能性を見失ってしまいます。

過去ではなく未来に期待するためにも、古いものは構わず、どんどん捨てていきましょう。

新しいものを生み出す余地が確保できます。

古いものを捨てれば未来が拓ける

紙を捨てられない人は、物理的にも精神的にも、古いファイルにスペースを占領されてしまいます。それは、自ら柔軟性を損なうのと同義です。

新しい仕事をもらったときも、過去の実績から考える人と、ゼロベースで考える人とでは、得られる結果や学びが大きく異なります。前者は古いやり方を踏襲し、後者は新しいやり方を生み出す可能性があります。その違いは大きいです。

僕自身、新しい会社にジョインしたときは、これまでの経験や実績上にない業務にも果敢にチャレンジするようにしています。そうすることで、自らの可能性を広げているのです。

未経験の業務に自ら手をあげて、初動を生み出していく。経験の有無にかかわらずアクションを増やしていく。

そうすることで、自らの未来を開拓しています。

まとめ

過去の資料は捨てていい。
物理的に過去にとらわれないことが、未来の可能性を生む。

Chapter 3

初動力を高めるスキル

基盤としてのフレームワークができたら、次に必要になるのは、それを実現するための技術です。本章で紹介する具体的なスキルを身につけるようになれば、初動力は格段に上がっていきます。いずれも決して難しい事案ではないので、気軽にトライしてみてください。

Stage 14

10秒以内に着手する

すべての行動を、必ずしも「タスク化」する必要はありません。すぐにできることは、その場で処理してしまうことが大事です。

「タスク化する」とは「後回しにする」と同義です。タスクが増えれば増えるほど、あとで処理しなければならない仕事が増え、徐々に追い込まれてしまいます。

発生した仕事を整理することは大事なのですが、いちいちタスク化してしまうと、実際の行動が後回しになってしまうのです。

仕事を依頼する上司やお客様にとっても、「すぐにやってくれるだろう」と思ってお願いしたことを後回しにされてしまうと、その後の進捗に響いてきます。

だからこそ、今できることはすぐにやる。

極端な話、「10秒以内に行動する」ことが大切です。

苦手なことほど後回しにしてしまう

後回しにしてしまいがちなことの多くは、自分が苦手なことです。たとえば、「謝罪の連絡」や「契約書の作成・確認」など、誰にでもつい避けてしまいたくなることはあるでしょう。

僕の場合であれば、会計や税務系の仕事です。もともとそれらのペーパーワークを苦手としているため、無意識に後回しにしてしまうことがあります。

そうならないよう、自分が苦手としていることこそ早期に着手するよう心がけています。**とりあえず着手し、誰に相談・依頼するか決めることを10秒以内に行います。**

また、早いうちに着手してしまえば、後になってそれほど負担にならないことも少なくありません。

「心の負債」をつくらないこと

苦手なものを後回しにしていると、「心の負債」につながります。

心の負債とは、そのことが気になって本来の業務に集中できないことを指します。

後回しにしていることが心理的な負担となり、精神的に不安定になってしまうのです。

頭の中のハードメモリ量には限度があります。

同時に処理できるタスク量も、そう多くはありません。

自分の得意な仕事にもまで影響を及ぼし、仕事全体のパフォーマンスが下がってしまうのは最悪です。

そのような事態を避けるためにも、苦手な事柄はToDoリスト化するのではなく、すぐに着手するようにしましょう。あとでやるのではなく、今やることが大切です。

どうせやらなければならないのなら、心の負債にせず、すばやく着手しましょう。

マイナス感情を抱く前に行動する

苦手なことも10秒以内に行動して解決するようにすれば、後になってそれほど負担になりません。

苦手なことや嫌なことは、その対象について考える行為によって負担になります。

つまり、「嫌だな」「やりたくないな」と思うこと自体が自分を苦しめ、行動に支障をきたすようになるのです。

10秒以内に行動してしまえば、マイナスの感情を停滞させずに、前進させることができます。そして実際に取り組んでしまえば、あとは時間が解決してくれます。どうしても自分だけでできないことは、詳しい人に聞けばいい。その判断も、いち早く着手することによってできるようになります。

立ち止まるから、恐いのです。

まとめ

迷ったら「10秒以内」に着手する。
苦手なことほど後回しにしないよう、先に手を付けよう。

Stage 15

100点を1つより、60点を2つアウトプットする

仕事のスタンスとして「巧遅拙速《こうちせっそく》」を推奨します。

巧遅拙速とは、時間をかけて完璧なものを仕上げようとするのではなく、拙くてもいいのでできるだけ速く提出するという発想です。その発展形は、「100点を1つより、60点を2つアウトプットする」となります。

変化の激しい現代では、100点を狙うのが難しくなっています。日々、環境もルールも状況・情勢も変わっていく中で、完璧なものを仕上げるのは不可能です。もっとも、この世に「完璧なもの」など存在しません。

すべてにおいて100点を目指して時間をかけるのではなく、60点でもいいのでどんどんアウトプットすること。そうすることで早くフィードバックを得て、すぐ改善回数を重ねることができ、望ましい結果を生み出せます。

そしてそれが、自らの能力を発揮することにもなるのです。

残りの40点を見つけにいく

60点を目指す思考は、100点満点を目指す思考より、無駄がありません。

自分一人で100点を目指そうとすると、そのために必要なすべての要素を自ら収集しなければならず、時間も労力もかかります。

他方で、60点を目指す場合は、とりあえず60点までは自ら仕上げつつ、残りの40点は他人の知恵や知見も活用して仕上げていくことができます。

60点の段階でアウトプットするのは、「残りの40点がどこにあるのかをすばやく発見する」ためのものです。

当然、自分一人でやるよりも、周囲の力を借りたほうが完成速度は早まります。

60点思考が初速をあげる

また、着手までのスピードで考えても、60点思考は有効です。

最初から100点を目指そうとすると、一つひとつの仕事が重くなります。誰しも、

100点を1つより、60点を2つアウトプットする

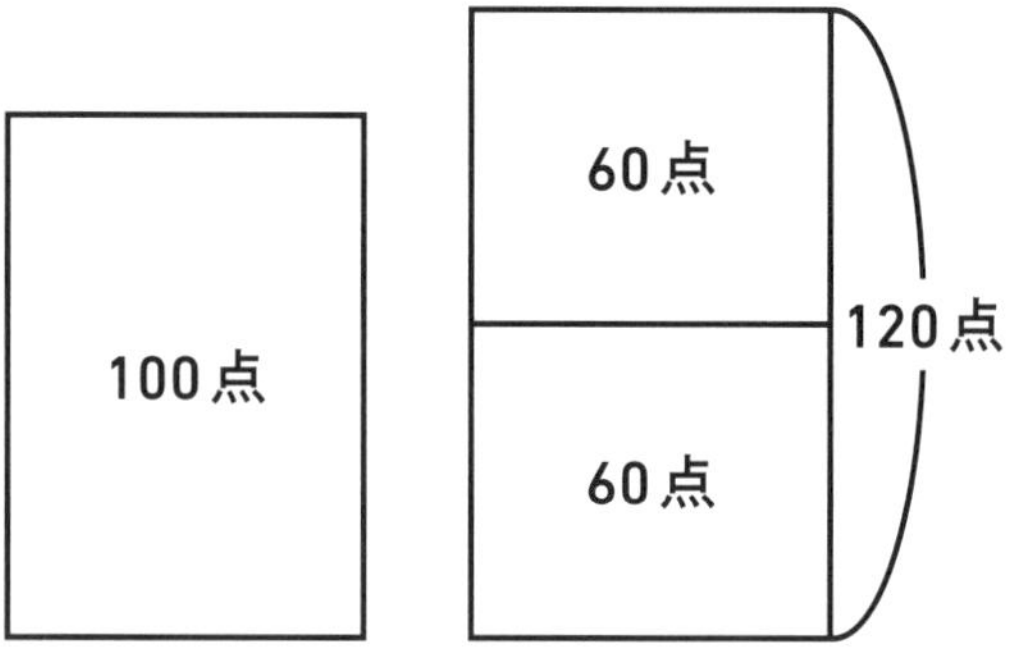

重い仕事に取り組むのは気が引けるでしょう。その結果、着手が遅れがちになります。

一方で、とりあえず60点のものを仕上げ、早く40点分を探そうとすれば重荷に感じるような仕事でも、着手しやすくなります。そのようにして、負担感をやわらげることも大事です。

着手とアウトプットを早めれば、残りの40分を見つけるまでにかかる時間も短くなります。結果的に、最終的なアウトプットも早くなるのです。

このようにして、結果をすばやく出していくのが巧遅拙速の特徴です。

起業も出版も巧遅拙速で

起業する場合も、巧遅拙速は役立ちます。

たとえば、会社を起こすときもプランをじっくり練るよりも、ひとまず登記を進めてスタートしてしまったほうが、より具体的な思考に切り替わります。

事実、どんなビジネスも机上でわかることはごくわずかです。むしろ、走りながら考えることのほうがはるかに多く、改善の量も多くなります。

僕自身の経験からいうと、本の出版に関しても、最初の出版を20代で実現できたことによって学びが多くなりました。内容はもちろん、出版業界の実情や自分のビジョンや強みなど、見えてきたことがたくさんあります。

やはり、すばやく行動できる人にこそ、チャンスが訪れるのだと思います。

まとめ

最初から100点を目指すと着手が遅くなる。100点を目指すのではなく、60点を2つアウトプットしよう。

Stage 16

近道を見つけたら容赦なく進む

ビジネスには常にお客様ありきです。社内であれば上司や同僚、社外であれば取引先です。

そのため、もし近道を見つけたら、容赦なく進むことが大切です。

若いビジネスパーソンほど、独力で仕事を進めようとします。しかし、独力やオリジナルが大事なのではなく、お客様への価値貢献が優先されるべきなのです。

下手なこだわりは、自分だけでなく、相手にとってもマイナスです。自分のちっぽけなプライドを優先してお客様の（時間も含めた）機会損失を生んでしまっては、ビジネスパーソンとして失格です。

そうならないよう、近道を見つけたら容赦なく進む姿勢をもつようにしてください。

公式、フレームワーク、ノウハウ、定型文など、あらゆる仕事には近道がたくさんあります。

自分は何を求められているのか？

ビジネスパーソンの大半は、公式やフレームワークを一からつくることを求められていません。**むしろ求められているのは「問いを見つける力」です。**

与えられた問題に対して、的確な答えを導き出すだけなら、人間よりも機械のほうがはるかに上手です。とくにＡＩが進化している近年ではなおさらです。

近い将来、人間の仕事がＡＩに奪われるという言説もありますが、それは機械的に処理する作業の話です。自ら問いを見つける活動は、人間にしかできません。

これからはさらに、良質な問題や課題を発見できる人材が生き残ります。そこに時間と労力を割くべきでしょう。

既存の問題を解くための方法論については、近道を活用したほうがいいのです。

「目的志向」をもつこと

自分なりの方法でやりたい気持ちはわかります。ただ、ビジネスで使えるリソースは限られています。重視されるのは「目的志向」です。

つまり、「なぜそれをやるのか」を目的から考えることが大事なのです。目的を理解していてはじめて、ゴールへと突き進むことができます。

目的から考えずに、自分がやりたいように仕事をしていると、いつまで経っても他人から評価されません。ビジネスはアートではなく、デザインです。課題解決をしない限り、得点にならないスポーツなのです。

学生時代なら自分が損をするだけで済みますが、社会人になると、そのような姿勢が周囲にも多大な迷惑をかけることになります。

近道を進むのは、ズルをしているのではなく、先人に対するリスペクトなのです。

自己完結から目的最適へ

フォーマットや定型文などの近道に頼らない人は、自分の「やった感」を重視しすぎているのかもしれません。

野球などのスポーツでもそうですが、これまでできなかったことができるようになるのは嬉しいものです。たとえば、新しい変化球が投げられるようになるだけで、ある種の快感が得られることもあるでしょう。

ただ、野球という競技の目的は「試合に勝つこと」ではないでしょうか。あなたが変化球を投げられるかどうかは、目的ではないのです。

新しいことを覚えるのは、楽しいものです。**つねに目的から逆算し、自分が何をするべきなのかを自問自答してみましょう。**

近道の収集活動こそ、ビジネスにおける勉強なのです。

まとめ

仕事の目的から逆算したプランニングをする。偉人の本の通読やセミナー参加は「近道の収集活動」となる。

Stage 17

事実と解釈を分けると議論が前に進む「空、雨、傘」

ビジネスは、「事実」と「解釈」を分けて考えるとうまくいきます。

たとえば、コンサルティングのフレームワークに「空、雨、傘」というものがあります。これは、事実確認を通して論理的に考えるための基本です。

まずは、空を見ます。天気予報や他人の意見だけで判断するのではなく、実際に空を見てどのような状況になっているのかを知り、事実を認識します。

次に、認識した事実から「雨が降るかもしれない」と判断します。あるいは「雨は降らないだろう」と判断する場合もあるでしょう。大切なのは事実から判断することです。

そして、雨が降りそうだと判断したら、傘を持っていく。あるいは、「カッパを着る」「出かけるのをやめる」などの判断もあるでしょう。

このように、事実を正しく認識したうえで、判断することが大切です。

事実と解釈を明確にする

物事を論理的に考えられない人は、事実と解釈を明確に分けられていません。また、確かな事実から物事を判断していないために、解釈があいまいになっています。

論理的な発想は、つねに事実と根拠に基づいています。事実があり、そこから導き出される根拠を通じて、解釈がもたらされています。

感覚・印象などの解釈は自由です。しかし、ビジネスにおける意志決定については、事実に基づいて判断しなければ、打ち手を間違えてしまいます。

誰にとっても相違ない事実に基づくことで、議論の土台が整います。

事実を整理し、事実をベースに結論を導き出せば、結果がどうであれ、次回以降に改善ができる状態となります。

事実を正しく共有する

本来、議論するべきなのは、事実の内容ではありません。議論を通じて打ち手を決

議論の土台は「事実」

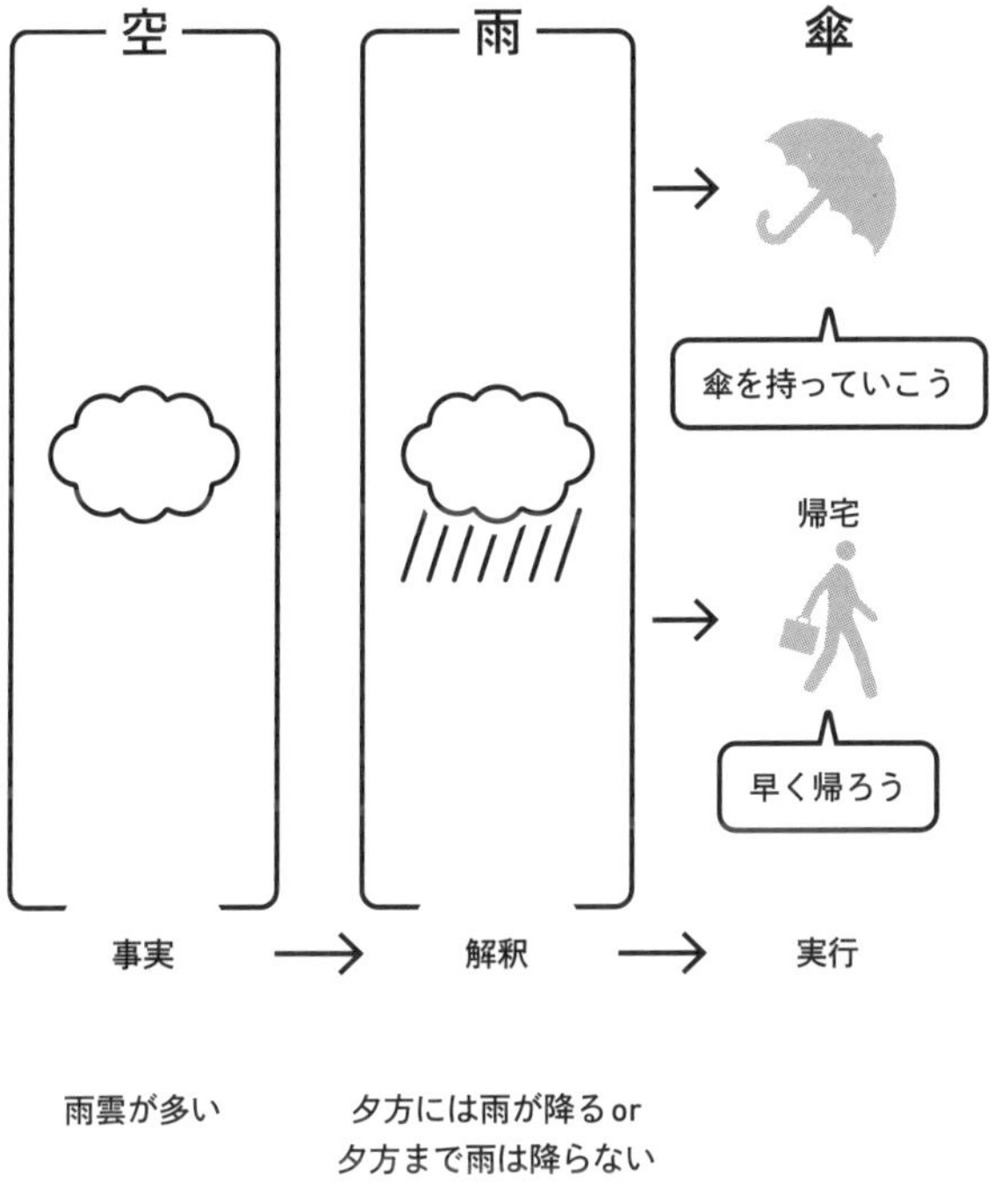

事実—解釈—決断の手順と内容を確認して
コミュニケーションすること

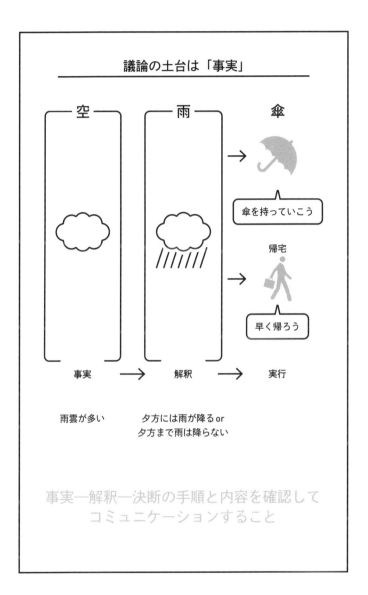

めることに、問題解決の根幹があります。

事実を確認せずに議論すると、「雨が降っているかもしれない」「いいや降っていないだろう」などと、机上の空論になってしまいます。そのようなことをしなくても、外に行って事実を確認すれば済む話です。

本来、議論するべきなのは、「雨が降っている」という事実への対処の仕方です。つまり、「傘を持っていく」「車を使う」「外出しない」など、具体的にどう行動するのかを決めることが大切です。

そしてその前提として、まず、事実が正しく共有されていなければなりません。だからこそ、事実認識を揃えることが大事なのです。

解釈は人によって異なっていい

事実に反して、解釈は人によって異なります。

たとえば、「地面が濡れている」という事実のみ確認できたとしたら、「雨が降ったから」「湿度が高いから」「誰かが水をまいたから」など、解釈はそれぞれ異なると思いますが、それで問題ありません。

事実さえ正しく共有されていれば、お互いに解釈とその根拠を提示しながら、結論を集約させていくことができます。よりもっともらしい結論に向けて、話し合いをすればいいのです。

そのようなときに、「そもそも地面は濡れているのかな？」「黒く汚れているだけでは？」などと蒸し返してしまっては、正しい議論になりません。

だからこそ、つねに「空、雨、傘」を踏まえて、議論を展開していくことが大事なのです。議論がかみ合わないときは、これら3つを確認してみましょう。

まとめ

事実と解釈を明確に分けて考えること。
議論の前提を整えるために「空、雨、傘」を確認しよう。

Stage 18

解釈を共有するための「視点」「視座」「視野」

解釈の共有には、「視点」「視座」「視野」の3つが必要です。

視点とは、物の見方のことです。ある対象について、どのような角度から見るのかによって視点は変わってきます。

視座とは、見る人の立場によって異なるものの見方です。立場が違うと、物事に対する解釈も変わり、視座に違いが生じます。

視野とは、見る範囲の違いです。点ではなく、また立場ではなく、見る範囲が違うことによって、物事の解釈は変わります。

このように、視点、視座、視野という3つの側面から解釈を共有することで、認識の相違を減らすことができます。

視座はズレが生じやすい

このうち、とくにズレが生じやすいのは「視座」です。視座の違いによって視野が変わり、さらに視点もズレていくことが多いように感じます。表出するのは視点のズレですが、その前提として、視野・視座がズレているのです。

たとえば、「若手がすぐに辞めてしまう」という問題があったとしましょう。そのような問題に対し、新卒社員は「また同期が辞めてしまった。会社の雰囲気が悪いからだ」と思うかもしれません。

他方で、人事部長の立場からすれば「採用基準が間違っている」と思うかもしれません。立場が違うために、見方にも違いが出てきます。

さらに経営者の立場からすると、「業界構造に問題がある」と考えるかもしれません。いずれにしても、立場の違いが視座の違いを生んでいます。

立場の違いが解釈を変える

このように、立場の違いが意見の違いを生むのは自然なことです。大切なのは、そのような違いが生じることを踏まえつつ、意見をすり合わせる必要があるということです。

視座の違いがあることを理解しないまま話を進めていると、お互いに歩み寄ることができず、意見の違いは埋まりません。場合によっては、ポジショントークの応酬となってしまいます。

立場が視座の違いが生むことを認識し、自分の立場だけでなく相手の立場からも物事を見るようにしましょう。

解釈の違いが生じることを自然と受け入れられるようになれば、さまざまな視点から物事を捉えられるようになります。また、相手の意見を聞き、自分の意見を通すことも容易になります。

そうなれば、議論はスムーズに進んでいきます。

初速の段階でズレをなくしておこう

視野、視座、視点をそれぞれ言葉で定義できるようになると、初動のブレもなくなります。スタートの段階から、正しい方向に向かっていけます。

解釈を共有するための「視点」「視座」「視野」

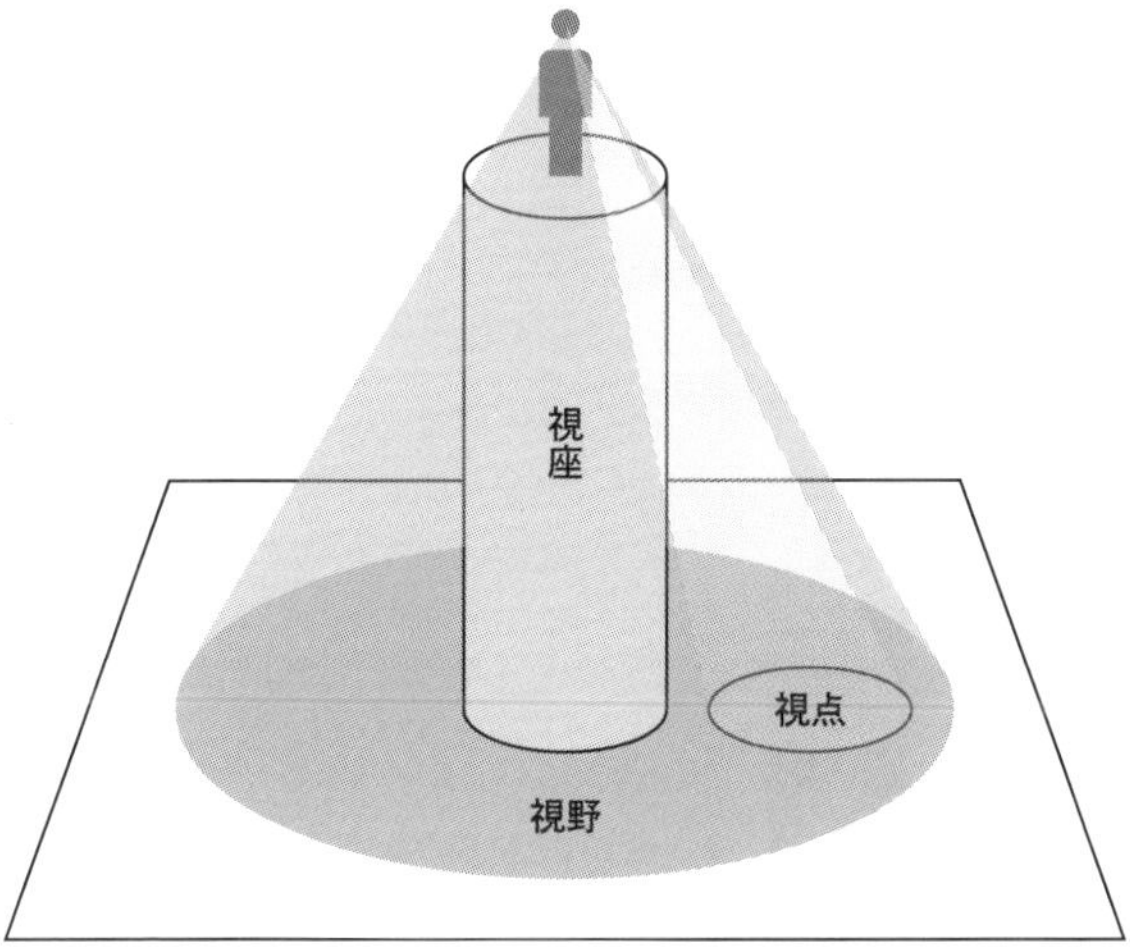

それら3つの言葉にしないままだと、最初のうちは小さなズレであったとしても、やがて大きくな溝ができてしまいます。それでは、せっかくの初動が無駄になってしまうでしょう。

最初の段階からお互いの認識がズレないよう、視野、視座、視点を明確な言葉にして確認しておくこと。解釈はズレるということを理解しておくこと。

そのような認識を持つようにしてみてはいかがでしょうか。

まとめ

解釈の共有には、「視点」「視座」「視野」の3つが必要。ズレが生じることを認識し、それぞれ言葉で定義しておこう。

Stage 19

可視化すると悩みは思考に昇華する

あらゆる悩みごとは、「可視化」することで解決に向かいます。

悩みごとに対して、悶々と考え込んでしまう人は多いです。しかし、考えれば考えるほど迷宮に入り込んでしまい、いつまで経っても解決しません。

むしろ、考えること自体が悩みを深くしてしまう場合もあります。

そのようなときには、まず、悩み事を可視化してみましょう。何に悩んでいるのかを見える化すれば、対象との距離ができ、フラットに思考できるようになります。

そのような状態になってはじめて、問題は解決されていくのです。

「悩む」と「考える」は違うもの

そもそも、「悩むこと」と「考えること」は異なります。

一見、考えごとをしているように見えて、ただ悩んでいるだけの人は少なくありません。しかし、悶々と悩んでいても、問題は解決しません。

ただの悩みを思考にするには、可視化することが大事です。**頭の中にある悩みに形を与え、それを分析していくことが、問題解決の基本となります。**

たとえば、「仕事がうまくいかない」「結果が出ない」という悩みを書き出してみると、「契約がとれない」「新卒が辞めてしまう」など、具体化していきます。

悩みを可視化・具体化してみよう

可視化した言葉は、分解したり、並び替えたり、まとめたりすることができます。そうすると、もやもやしていた悩みが具体的な課題や問題に変わっていきます。あとは、その一つひとつを解決すればいいだけです。

ノートに書くと、そのような問題解決のための手順を自然に踏むことができます。手を動かし、冷静になって問題と対峙すれば、やるべきことが見えてくるのです。

頭の中だけで考えたまま、悩みごとと対峙するのは難しいです。**それなら、可視化し、理由を列挙して、検証できるようにノートを使いましょう。**

可視化すると悩みは思考に昇華する

「悩み」未分解状態

↓

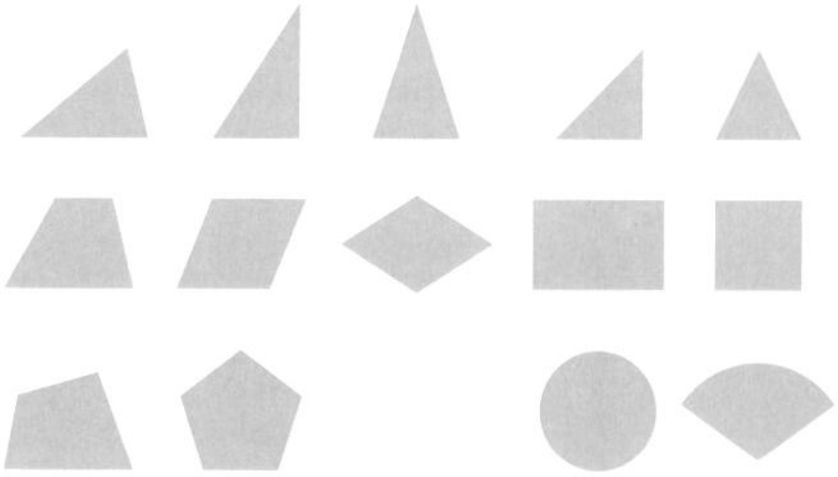

「思考」分解状態

実際にやってみると、可視化しなければ気付けなかった視点が得られることに気づきます。そこから、本当の思考がはじまります。

反射光で問題を分析する

悩みごとの可視化は、ノートに限らず、ホワイトボードなどを使用しても構いません。パソコンやスマホなどの透過光ではなく、反射光を活用しましょう。

反射光によって分析脳を活かせば、可視化された問題点も冷静に捉えられます。分析を経て、具体的な解決策につなげていくと、当初の悩みごとはいずれも深刻なものでないとわかります。そのようにして、悩みごとは解消していきます。

もし、悶々と悩んでしまうときがあれば、ノートやホワイトボードにその内容を書き出し、可視化したうえで思考へと変換しましょう。

まとめ

悩みごとは、頭の中だけで解決しようとしないこと。紙やホワイトボードに書き出し、可視化すると、はじめて思考ができる。

Stage 20

スピードとクオリティはセット

初動力を上げれば、クオリティは高くなります。**つまり、スピードとクオリティはセットで考えるべきです。**

クオリティを上げるには、時間をかけてじっくりと物事に取り組むべきだと思われるかもしれません。しかし、時間をかけても質が高まるとは限りません。

たとえば、「パーキンソンの法則」というものがあります。1958年、イギリスの歴史学者・政治学者であるシリル・ノースコート・パーキンソンが定義したものですが、その第一法則は、「仕事の量は、完成のために与えられた時間をすべて満たすまで膨張する」というものです。つまり、時間をかければかけるほど、自ら仕事量を増やしてしまうのです。

しかも、増えた仕事量は、クオリティに結びつきません。ダラダラと仕事をすることになり、結果的に無駄が生じます。だからこそ、スピードを上げることが大事なのです。

早期のアウトプットが質を高める

スピードを上げると、アウトプットの回数が増えます。

またアウトプットはフィードバックを伴うため、改善行動を誘発してくれます。そして、そのような改善を繰り返すことが、結果的にクオリティを高めることにつながります。

他方で、フィードバックがなければ、いつまで経っても改善に結びつきません。改善がなければ、クオリティが高まる余地もないのです。

なかなかアウトプットできない人ほど、他人からの評価を恐れているものですが、評価というものは必ずしも1回のアウトプットでなされるわけではありません。

アウトプットとフィードバック、そして改善行動を経て、最終的なアウトプットが評価の対象となります。

アウトプットとは「出力」のことです。出力しなければ評価はできません。世に出してみないと、どこが評価されるのか、自分だけでは気づくことができない発見に出会えないのです。

スピードとクオリティはセット

スピードとクオリティは、トレードオフの関係にあるわけではありません。あくまで、スピードとクオリティはセットであると理解しましょう。

クオリティを優先していると、スピードが犠牲になることがあります。ただ、蓋を開けてみると、「クオリティもスピードもたいしたことない」というケースが多いです。

一方で、スピードを速くした結果、クオリティが付いてきたということは多いです。なぜなら、フィードバックと改善の回数が質につながるためです。

もし、クオリティを重視してもうまくいかない人は、まず、仕事のスピードを速くするように工夫してください。もちろん、何よりも初動が大事です。

そのうえで、スピードとクオリティがセットであることを体感しましょう。

初動力がハイクオリティを生み出す

誰もが情報にアクセスできる昨今、どれほど優れた企画やアイデアも、すでに誰かが考えています。違いがあるとすれば、どれだけはやく実践できるかということです。

「自分も考えていたのに」という言葉はよく聞きますが、考えるだけなら誰もがしています。問題は、それをすばやく形にできるかどうかにかかっています。

ビジネス創出は、じっくり時間をかけて準備するのではなく、〝なる早〟でプロトタイプを世に出し、市場の反応をみながら改良を加えていくのが基本です。

その点、スピードとクオリティをセットで捉える発想は、非常に現代的なものと言えるでしょう。何より、結果を出すための実践的な手法となります。

初動力は、ハイクオリティの源泉なのです。

まとめ

クオリティを上げたいなら、アウトプットのスピードを上げよう。初動力が上がれば上がるほど、クオリティも高まっていく。

Stage 21

止めない、ためない、抱え込まない

自分だけで課題を抱えていても成果には近づけません。紙に書きだし、人に相談することによって、はじめて成果に近づくことができるのです。

仕事もスポーツも同様で、自分だけがボールを持ちすぎていると、物事は前に進みません。とくに仕事は、自分がボールを抱えた結果、課題や問題点が創出されないまま、情報だけが停滞してしまいます。

そうならないよう、課題は滞らせないこと。問題や悩みを1人で抱えるのではなく、どんどん共有すること。

それがビジネスを前に進めます。

社内でも社外でも相談が大事

これは、社内はもちろん、社外のやり取りでも言えることです。

自分だけで何とか処理しようと考え、取引先から求められた納期までひたすら努力し、ギリギリになって「やっぱり無理でした」となってしまう。それでは、誰も得をしません。

納期が厳しいなら、社内の人間に手伝ってもらうか、取引先にはっきりと伝えること。それも、いつまでもズルズル悩んでいないで、できるだけ早期に相談することが大事です。

自分でボールを持っていると、時間だけが経過していきます。時間が過ぎれば過ぎるほど、取り返しのつかないことになってしまいます。

そうならないためにも、「止めない、ためない、抱え込まない」ように、相談の初動を早めましょう。

アウトプットが解決の第一歩になる

どんな小さなことでも、悩んでいたら相談することが大切です。

社内・社外にかかわらず、「こういうことで悩んでいるのですが……」と伝えられるようになれば、相手からアドバイスや意見をもらえます。その段階ですでに、解決の一歩を踏み出しています。

だからこそ、あらゆる職場で「ホウ・レン・ソウ（報告・連絡・相談）」が重視されているのです。

他方で、悩んでいることを隠してしまう人は、グルグルと考え続けるだけで、いつまでも改善のための一歩を踏み出せません。それでは、問題が解決されるはずもないのです。

中には、「プロなんだから自分でやらなければ」と力んでしまう人もいますが、本当のプロというのは、過程ではなく結果を追求するものです。

つまり、悩んでいる暇があったら、外部の知恵をどんどん活用してより良い結果を出すべきです。それが本当のプロなのではないでしょうか。

抱え込まずに外に出そう

難しい課題にぶつかったとき、取るべき選択肢は2つあります。

1つは、自分で抱えて解決に向かうこと。責任は自分で取るつもりではあるものの、解決できなかったときに周囲にも取引先にも迷惑をかけてしまいます。

もう1つは、すぐに誰かに相談すること。もちろん責任は自分にありますが、相談することによって、周囲を巻き込みながら問題解決に向かうことができます。

当然、望ましいのは後者です。結果を出し続ける人は、「わからない」「できない」ということをそのままにしません。必ず、その事実をアウトプットします。

だからこそ、あらゆる物事を前に進められるのです。

まとめ

課題は「止めない、ためない、抱え込まない」のが鉄則。
プロの仕事人は、過程ではなく結果に責任を負う。

Chapter 4

初動力を高めるスタンス

初動力を高めるには、日ごろの慣わしや行いに気を配っていくことも大切です。時間の使い方、アポイントの取り方、セミナー・勉強会の活用法……これらを効率的に扱う習慣を身につけていけば、突発的なアクシデントがあっても動じずにいられます。本章ではそうした、初動力を高める姿勢について解説します。

Stage 22

パソコンだけではなくノートを使う

パソコンだけでなく「紙のノート」を使うことで、初動は早くなります。

たとえば、思考のスキルで考えてみましょう。考える力は、どのような媒体を利用するかによって変わってきます。**ポイントは「光」です。**

パソコンは、テレビやスマホと同じように、対象そのものが光を発する「透過光」です。つまり利用者は、光を浴びて情報を処理しています。

透過光の特徴は、全体感が把握しやすいことにあります。また、同時にたくさんの情報を得ることができ、効率がいいのも特徴です。

一方で、透過光では分析脳が働きづらいというマイナス面があります。たとえば、原稿のミスを細かくチェックするなどは、パソコン作業に不向きです。

分析脳が働く「反射光」

透過光に対し、紙媒体を読む作業は「反射光」になります。

反射光でチェックすると、透過光で見落としてしまうミスも拾いやすくなります。

そのため、パソコンで作成した資料を細かく分析するときは、紙に印刷してチェックするといいでしょう。

たとえば、200枚の原稿を確認する場合。とにかくザッと見るだけでいいのであれば、モニターのほうがすばやく作業できます。

ただ、より細かく分析しながらチェックしたい場合は、紙に印刷して確認します。

そのように、脳の使われ方を理解して、工夫することが大事です。

全体を見るのか、部分を見るのかで、モニターと紙を使い分けましょう。

ノートを使えばアイデアが出やすい

では、企画書を作成する場合はどちらがいいのでしょうか。

実は、パソコンの画面では分析脳が働きづらいため、アイデア創出には向いていません。そのため、クリエイティビティが求められる企画書作成は、紙のほうがいいでしょう。

また、将来の夢や目標について考える場合も、紙が向いています。私の場合、ノートに向き合うことで、それらの問題について深く考察しています。

企画書の作成や将来の構想など、分析やイメージしながら物事を考える場合は、ぜひノートを使ってみてください。脳が反応し、思った以上に作業がはかどるかもしれません。

それ以外の作業でも、「どうもうまくいかない」「どうしてもはかどらない」という場合は、パソコンやスマホからノートに切り替えて、反射光を活用してみましょう。

長文はパソコンで書いて紙で細かくチェックする

文章を書く場合も、オススメなのはノートです。

反射光は、分析脳だけでなく言語脳もはたらきやすくなるため、紙やホワイトボードに切り替えた途端、スラスラと言葉が出てくることもあります。

もちろん、人によっても向き不向きがあるので、実際に試してみることが大事です。

また、作業環境では、どちらも選択できるようにしておくのがベストでしょう。

ただし、長文を書かなければならない場合は、パソコンでベースとなる原稿を書き、その上で細かい部分を紙でチェックしていくといいでしょう。
さらに、全体をパソコン上でチェックしておけば、無理なく複数回にわたって確認できます。

まとめ

パソコンと紙には「透過光」と「反射光」の違いがある。細かい分析が必要なときは紙でチェックしよう。

Stage 23

アポイントを取るのに遠慮をしない

アポイントを取る際には、「余計な遠慮をしない」のが鉄則です。

社外だけでなく、社内も同様です。とくにはじめての相手のときほど、たいていの人がきちんと連絡をとろうとするかと思います。

この場合の〝きちんと〟とは、担当者や秘書などを通じて「予定を押さえさせていただいてもよろしいですか？」など、必要以上に丁寧に対応をしてしまうようなことです。

丁寧な対応をしたからと言って、こちらの期待通りにアポイントが取れるとは限りません。

重要なのは、相手の状態を想像し、配慮することです。

相手の立場を尊重する

相手が役職者や、決定権のある立場の人であればなおさら、コミュニケーションはスピーディに行いましょう。営業時間内、ビジネスアワーは有限です。

短い時間で相手に意思決定を委ねる場合、情報を圧縮する必要があります。伝えたい内容、こちらの要望、相手のメリットなど、瞬時に判断できる状態をつくること自体が、相手に対する配慮になります。

アカウントがあればSNSアプローチはOK

SNSでアプローチする際、「いきなり連絡を取ったら失礼じゃないかな」と思っている人もいるかと思います。こちらも、要は相手にとってどんな連絡の取られ方がありがたいか、ということです。

そもそも、SNSを利用している時点で「連絡の窓口を設けている」と考えられます。誰とも連絡を取りたくない人は、SNSを利用しません。

とくにフェイスブックやツイッターの場合、知らない相手からもメッセージを受け取れる設定にしていなければ、余計なメッセージを受信することもありません。「突然の連絡失礼します」などの枕詞さえあれば、いきなりメッセージを送信しても何ら失礼にはあたりません。

プライドが高い人ほど断られたり、無視されるのを恐れて、SNSでの連絡を躊躇して、新しい出会いを逃しています。

明確に第三者からの連絡を拒んでいない限り、双方にとって、いい出会いを創出できるかもしれません。たとえ会ったことがなくても、心配しなくて大丈夫です。

接触後、相手に喜ばれる提案ができるかどうかのほうが重要です。

いきなり会いに行ってもいい

注意点としては、自分のSNSアカウントをビジネスライクにしておくこと。少なくとも、プライベートのアカウントでアプローチしないようにしましょう。

メッセージを受け取った相手は、必ずあなたのアカウントをチェックします。そのとき、自分が何者で、どこに所属しており、どのような目的があるのかをわかるようにしておくことが大切です。

ちなみに、SNSでのアプローチはオススメの方法ですが、必ずしもそれに固執する必要はありません。**その気になれば、いきなり会いに行ったり、道端で声をかけたりすることも可能です。**商品特性や時期によっては、それが有効なこともあります。

重要なのは、相手を尊重した結果の行動です。配慮したうえで、スピーディな会話、SNSアプローチや直接訪問などが最適だと思えば、そうするべきです。自身のちっぽけなプライドを守るがゆえ、ビジネスチャンスを失うのは避けたいところです。

まとめ

相手の立場を尊重しよう。遠慮でなく、配慮。
オススメはSNSだが、アナログ訪問が効果的なこともある。

Stage 24

アポイントの目的を明確に

アポイントは、ゴールを明確にすることが大事です。

対面・非対面にかかわらず、事前に「このアポイントの目的は何か？」を明確にし、できるだけ早い段階で伝えておきます。

たとえば、「商品の紹介をしたい」のか、それとも「誰か人を紹介してもらいたい」のか、目的はさまざまでしょう。いずれにしても、最初の段階で目的を明らかにし、共有しておくのがポイントです。

基本は時間をもらう前、つまりアポイントを取得する際に提示します。そうすることで、お互いにその時間までにどんな準備が要るか、同席者が必要か、などのことが明確になります。

目的を伝えたうえで断られたら、それは双方にとって時間の無駄にならずに済んだことになります。

こちらの意思を明確にする

たとえば営業の場合であれば、「ごあいさつさせてください」と言うよりも、「営業させてください」と伝えてしまったほうがうまくいくことがあります。

とくに、忙しい経営者や役職者に会う場合は、目的を明らかにしないほうが失礼にあたるケースも多いです。相手に「これは何の時間だろう？」と思われると、どんな良い提案を用意していても、否定的に見られてしまう懸念があります。

「もし都合があえば聞いてください」「必要ないかもしれませんが……」などの言葉も必要ありません。相手からすれば「自信がないものを勧めるな」となるだけです。

「営業です」「良かったら買ってください」と伝え、不要だとわかったら「別の部署を紹介してください」などと、こちらの意思を明確にしておくこと。

前向きなスタンスは、初動力を高めます。

自信を持って勧めなければ意味がない

つい遠慮してしまう人は、商品やサービスに対する自信がないのでしょう。しかし、自信をもって勧められないものを売ること自体、相手にとっては迷惑です。

時間をとってもらうのが失礼だと感じるのは、その時間で自分が価値を提供できないためです。それなら、きちんと価値を提示できるまで提案内容を精査するべきなのです。

自信がないのなら、もっと商品やサービスについて知ること。自信をもって提案できるまで、理解を深めることが大切です。

商品を熟知している人は、それがどんな人にとって最大の価値を生むかを知っています。だからこそ、自信をもって勧められるのです。

誰を顧客にするべきか、誰に最大の価値を提供できるのか。それは理解できると、あなたは「お助け人」となります。

自信は言葉になる

人を採用する場合も同じです。

採用の仕事は一般的には人事部の仕事かと思われがちですが、多分に営業的な要素も含みます。相手に自社を選択してもらう必要があるからです。

もし人事担当者が、「良かったらうちで働いてください」などと伝えていたら、優秀な人は来てくれません。そうではなく、「うちの会社は成長著しい企業で、社長も若いし、営業力もあるから、あなたのスキルを活かして成長できると思う」と、自信をもって勧めるべきです。

このように、採用シーンでも自信があるかどうかは言葉に出ます。アポイントのときには、自信をもって商品やサービスを勧められるよう、事前準備を積み重ねていきましょう。

それが、お互いの利益を最大化させます。

まとめ

アポイントは事前に目的を伝えること。最大の準備は、自信をもつこと。資料作成ではない。

Stage 25

「直行直帰」で移動時間を最小化

移動時間を最小化するには、「直行直帰」がベストです。

時間の使い方について考えたとき、移動時間ほど無駄なものはありません。移動時間を有効活用する方法論も多いですが、最も効率的なのは、その時間をなくすことです。

そこで重要なのが、いちいち会社に戻らないでいい仕組みをつくること。つまり直行直帰できる体制が望ましいです。

近年、オンラインでの営業や商談は増えていますが、どうしても対面でなければ進まない話もあるでしょう。そのようなときには、いちいち会社に戻ることなく、どこでも仕事ができる状態をつくりましょう。

スケジュール上、移動の回数を減らす

直行直帰を徹底するには、移動の時間をまとめておくといいでしょう。

たとえば、午前中はデスクワークに集中し、午後の時間にアポイントをまとめるなどです。そうすれば、わざわざ会社に戻ることなく直帰できます。

あるいは、外出する日とそうでない日を分けてもいいでしょう。外出する日は直行直帰をし、外出しない日だけ出社するというのも有りです。

会社によって決まりがあるかもしれませんが、そうでない場合は、柔軟に対応できるようスケジューリングしてください。

事実、営業効率が優れているとされる人気企業「キーエンス」では、内勤と外勤の日を明確に分け、無駄を徹底的になくしています。そのような手法を参考にするといいでしょう。

移動の無駄は削減できる

私もサラリーマン時代から、何年にも渡って、「月100件営業」を行ってきました。

その中でわかったのは、商談が終わる度に会社に戻ることが、かなりの無駄を生ん

でいたということです。移動によって、時間も、労力も、多くを費やさなければなりません。

特に夏と冬は、室内と外の気温差によって体力を消耗します。体温を万全の状態に戻すのにも時間を要するため、初動力は下がります。

昨今、オンライン商談が一般化するようになりましたが、仕事するうえで「移動」がなくなることはありません。

まずはシンプルに、内勤と外勤の日時を分け、移動の無駄を削減することが大事です。

モードを意識的に切り替える

オンラインミーティング全盛の今、仕事の「モード切り替え」の難しさにぶつかる人も多いと思います。

「内勤モード」「外交モード」など、作業内容と身体のモードが一致しないと、生産性は著しく落ちます。思い当たる節のある方は、切り替える力を養うのではなく、スケジューリングを見直しましょう。

スケジュール上、午前中か午後、決めた曜日に会議や商談作業を寄せることで、業務に対する集中力も上がります。切り替えが苦手な人ほど、スケジューリングを改めてみましょう。

スケジューリングによって、自らのパフォーマンスを最大化し、会社にも取引先にもメリットをもたらします。移動も含めて、自分で責任を持って管理しましょう。

まとめ

どこでも仕事モードになれるようにしよう。
スケジューリングを制し、自らのパフォーマンスをコントロールしよう。

Stage 26

セミナーは動画化する

セミナーを主催する際には、必ず「動画化」しましょう。

セミナーの内容を動画で撮影し、それをYouTubeなどの動画共有サイトで閲覧できるようにします。そうすることで、セミナーに参加できなかった人も閲覧できますし、参加者にとっては内容の復習になります。

勉強会も同様です。社内向け・社外向け問わず、動画に記録しておくと、別のシーンで展開することが可能です。それが蓄積してくると、1つのコンテンツになります。

少なくとも、毎月、毎年のように同じセミナーや勉強会を開催しているのであれば、動画で共有し、別の内容で実施したほうが機会損失を減らせます。

同じ内容の話を何度もするのは、初動力を損ないます。なるべくは「複製、コピー、展開」しておくと、自身のやるべき業務に集中できます。

動画は強力な営業ツール

昨今では、動画を視聴する環境も整ってきています。

主力はYouTubeなどの動画共有サイトです。一昔前はDVDに焼いて郵送したり、ファイル共有サーバを使って受け渡ししたりしていました。それが今では、ネット環境があればいつでもどこでも閲覧でき、必要に応じてダウンロードすることも可能です。

こうした仕組みを活用しない手はありません。動画制作自体、安価ではじめられるものも多いので、試験的に導入してみるといいでしょう。

これまで、動画には向かないとされてきたビジネス関連のコンテンツも、次々に新しいものが生まれています。思い立ったが吉日、初動を早めて試行錯誤していけば、強力な営業支援ツールとして資産化されます。

私自身、ビジネスにおける動画活用の可能性に注目しています。

顧客を巻き込んでセミナーを開催する

セミナーに関しては、「顧客や事業パートナーを巻き込む」ことも大事です。巻き込むこと自体が、営業活動につながります。

通常のセミナーは、自社で開催して集客するのが一般的です。そうではなく、複数社に声をかけてともにセミナーを開催することで、顧客リストの共有ができ、相互の関係性を深めることにも役立ちます。

また、共同で開催することによって提供できる情報やノウハウにも幅ができ、かつ集客面などでも負担が減ります。その点、共同セミナーのメリットは大きいのです。

営業活動の一環として「セミナーを一緒に開催させてもらえませんか?」と提案すれば、前向きに検討してもらえるかもしれません。また、新しいアライアンス（業務提携）の関係性を構築することにもつながります。

セミナー終了後、連絡の初動がすべてを決める

事前準備や開催で労力を使うとは思いますが、大切なのは事後です。参加された方々の熱量と記憶が薄れないうちに、連絡をすることが大切です。ものを売り込む以前に、せっかく時間を割いてくれた参加者のために、すばやく次の案内をすること自体が、礼儀なのです。

セミナー・勉強会の使い方

「無料なら参加してみようかな」

「名刺をたくさん集めたいな」

↓

無料セミナー

↓

基本的に何かしらの売り込みがある可能性が高い

「お金を払ってでも解決したい課題がある」

「誰でも来れるわけではないから、集まる参加者の質が高そう」

↓

有料セミナー

↓

売り込みがあってもそのセミナー自体も商品である

投資額が明確だと回収目標を立てやすい

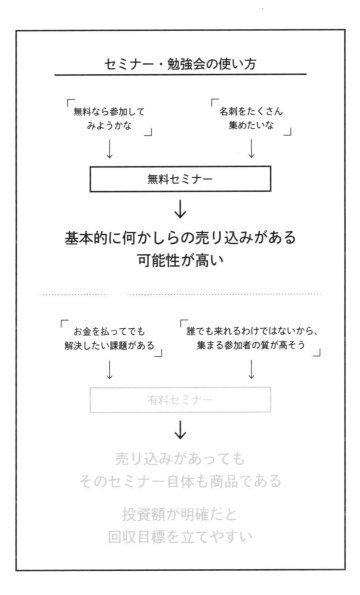

また、相互のセミナー開催は、お互いの顧客を間接的に紹介することにもなります。リアルのシーンだけでなく、オンラインでも活用できるテクニックなので、積極的に取り入れていきましょう。

最近では、ウェブ上で完結するセミナーも増えています。ただ、リアルのセミナーと同じようにウェビナー（オンラインセミナー）を開催していると、効果は限定的です。動画化や共同開催など、新しい施策を採用するようにしてください。

まとめ

セミナーや勉強会は、必ず動画にすること。共同開催を提案すれば、新たな関係性構築にもつながる。

Stage 27

会食は何でもないときに行う

会食の極意は、「何でもないときに行う」ことにあります。

よくあるのが、「会食は困ったときに使う」「打ち手がないときに利用する」などの発想です。しかし、そのような発想は正しくありません。

また、「特別な相手に追加発注や大型発注を促すために行う」という人もいますが、それも間違いです。むしろそれは、〝会食〟ではなく〝接待〟に近いのではないでしょうか。

そうではなく、会食は、健全な関係性をより長く維持するための予防法です。そのため、対処療法的に行うのではなく、何もない、平穏無事なときにこそ行います。

そこで、世間話をし、お互いの関係性を維持していくのがポイントです。

会食によって関係性を良好に保つ

社内の場合はちょっとした雑談が関係構築に役立ちます。一方で社外の場合、その役割を担うのが会食となります。

つまり、営業活動を目的にするというよりは、関係性を深め、今後も維持していくために会食を利用するのです。

社外の人が相手とは言え、わざわざ高級料亭などを押さえる必要はありません。近所のレストランでも構いませんし、よく行くカフェで雑談するだけでもいいのです。

そのときに大事なのは、できるだけ、ビジネス以外の会話をするということです。ビジネス以外の会話ができる間柄になれば、いつでも本題モードに切り替えることができます。

また、事故やトラブル、納期の遅れ、発注ミスが生じたとき、お互いに譲歩できる可能性も高まります。失注も少なくなるでしょう。

会食は適度な範囲で行おう

ただし、会食に即効性を求めてはいけません。直接的な営業活動とは異なり、会食の効果はすぐに表れないものです。気長に構えておきましょう。

また、よく見かけるのが、普段からあまり会食をしていない人が、取引先をあれこれともてなし、結果的にコストばかり膨らんでしまうケースです。無理に多大なコストをかける必要はないと心得てください。

それに、これまで会食をしてこなかった人が、急に馴れ馴れしくすると、相手は引いてしまいます。場合によっては「何か裏があるのではないか」「商品を売りつけようとしているのか」などと思われてしまうかもしれません。

そうならないよう、適度な範囲で行うようにしてください。**あくまでも会食は、お互いの関係性が平穏無事なときの予防策として行うものです。**一朝一夕で何かが得られるものではありません。

社内の会食も効果的

もちろん、社内で会食を開くのもいいでしょう。

とくに、社内での関係性構築に困っているのであれば、積極的に会食を開き、お互いの距離を縮める努力をしてください。古典的な手法ではありますが、その効果は折り紙付きです。

近年では、若手社員を中心として、社外でのコミュニケーションを好まない傾向もあります。そのような場合には、無理に誘わず、雑談などの方法を模索しましょう。

ただし、狙った社員が参加してくれないからと、会食の効果を疑問視する必要はありません。定期的に開催することで、普段は参加しない人も、タイミングが合えば来てくれるかもしれません。

重要なのは、同じ会社のメンバーとして長く関係していく以上、コミュニケーションにきちんと投資する姿勢です。そのような投資の蓄積は、必ず将来の資産になります。

まとめ

会食は、何でもないときにこそ開くべし。社内外ともに、関係性を良好にするためにある。

Chapter

5

初動力を高めるシンキング

思考は初動力を大きく飛躍させる原材料です。ぶれない行動哲学が、確実な成果を生み出すとも言えます。本章で紹介する効率的な考え方をデフォルトにしておくことで、初動力は確実に高まっていくことでしょう。仕事でもプライベートでも、シンキングタイムは重要な位置を占めるはずです。

Stage 28

自責のリードタイム

仕事のスピードを妨げる要因に「リードタイム」があります。

リードタイムとは、作成した資料を上司にチェックしてもらったり、精査してもらったりする際の「待ち時間(バッファ)」のことです。

どのような仕事にも、必ず他者のチェックが入ります。それが上司か、同僚か、取引先かによって違いはありますが、いずれにしても自分以外の第三者の確認は不可欠です。

そこで、アウトプットしたものが成果になるまで、一定のリードタイムを加味しておかなければなりません。リードタイムを忘れていたために、次の段取りに進めなかったり、納期に遅れてしまったりしては本末転倒です。

また、電車の遅れやコピー機の故障など、不測の事態によってリードタイムが発生することもあります。そのような事態も勘案して前倒しで計画することが大切です。

人の動きを想定して組み立てる

リードタイムの内容としては、備品や機材の不足、ネット接続の不備、家族の事故や病気などさまざまなものがあります。テレワークをしている人は、使用しているソフトの不具合や遅延、あるいは使い方がわからないケースなどもあるでしょう。

このような事態から発生する待ち時間は、生じたときに慌てて対処するのではなく、あらかじめその時間も加味して計画するようにしてください。頭の中でシミュレーションするだけではなく、人の動きを想定して組み立てておくことが大切です。

たとえば、「上司や同僚はどう動くだろうか？」「取引先はどのような行動をとるだろうか？」などと具体的に考え、業務を組んでいくことが求められます。無駄な時間が生じたときに、誰かのせいにすることのないようにしましょう。

リードタイムも含めて自分の責任

ビジネスに限らず、自分がどのような活動に携わるのかは、自らの選択にかかっています。

その過程で生じる不測の事態やトラブル、故障、事故、その他のあらゆる問題は、自分が責任をもたなくてはなりません。 だからこそ、リードタイムも加味した計画が欠かせません。

とくにビジネスは団体競技であるため、社外との競争も社内との競争もあります。社内外の競争に立ち向かいながら結果を出していくために、リードタイムを含めた時間計画を立案する習慣を身につけることが求められます。

自らビジネスを選んでいる以上、リードタイムまで含めて自分の責任です。

日程は「前倒し」が基本

初動ということに関して言えば、あらかじめバッファを設けたスケジューリングが要となるでしょう。

たとえば、3つの日程をもらっているのであれば、最も早い日程をチョイスしておく。今週と来週で選べるなら、今週を選ぶ。 そのように前倒しで処理しておけば、後から挽回できる余地が生まれます。

また、「早めに着手する」「早めにコンタクトをとる」「早めに到着する」など、リードタイムを含めた行動習慣もオススメです。そのようにして、リードタイムを自ら操るアクションを積み重ねていきましょう。

まとめ

あらゆる業務には「リードタイム」が発生する。リードタイムを加味した、余裕のあるスケジューリングを行うこと。

Stage 29

休み方をアップデートする

初動力と休息はセットです。

日々の活動は、適度に身体を休めることで持続性をもち、またより良い初速へとつながっていきます。

人生はマラソンであり、長期戦です。

初動力を上げると同時に、休み方も学んでいきましょう。

ただ学ぶだけでなく、実際に試してみながら、より自分に合った方法へとアップデートしていく。休み方も初動力を使って、自分の身体の進化、生活環境の変化に応じて、ベターな方法を模索するべきなのです。

継続的に大きな成果をあげている人は、自分なりの休み方を知っています。休息法について、あらゆる打ち手を知っているからこそ、身体や環境の変化を察して施策を打ち、どんな状況でも結果を出し、自分が望むキャリアを手にしています。

初動力を生み出すためにも、休み方を多く知りましょう。

体力だけでは続かない

「はじめに」でも書きましたが、新卒で社会人になったばかりの時代、僕は土日も関係なく働いていました。まだ十分に若く、体力があったために、無理をしても平気だったのです。

しかし、23、24歳ごろに体力が落ちてきて、代謝も悪くなっていくにつれて、寝る時間が増えていきました。

どのくらい増えたかというと、休日の土曜日は夕方ぐらいまで寝るようになってしまったのです。

しかも、日曜日になると「明日は会社か……。行きたくないな」と思いながら月曜日を迎えるようになっていました。

その後、結婚してからは、週末に奥さんと旅行に行ったり、体を動かしたりする中で、徐々にリフレッシュする術を学びました。

そうすると、月曜日を恐れることもなくなり、また週末も楽しめるようになったのです。

休み方をアップデートしていく

毎日を楽しく過ごせるようになったことで重要なのは、年齢とともに、少しずつ休み方をアップデートしてきたことです。そのおかげで、肉体的にも精神的にも充実しています。

僕自身、創業した会社をM&Aした後は、上場企業で取締役を経験し、それもスパッと辞めて、半年ぐらい何もしない時期がありました。いわゆる「キャリアブレイク」の期間です。その期間を持てたことで、次はIPO（新規上場）に向けて、再び走り出すことができました。

かつてのように、朝も夜もなく働いていた時期には考えられないことですが、そのようなゆっくりといろいろなことを考えられる時間をつくることができたのも休み方を学んできたおかげでしょう。

これから先も何十年にわたって働いていくとは思いますが、**オフィスワークだけで**

なく、フィールドワークやファミリーワークに比重を置くことで、休み方も進化しています。

その結果、人生の歩み方もまた成長していると感じます。

「ビジネスアスリート」としての心得

働き方だけでなく、休息という「余白」の部分をうまく活用できるようになると、成長のレバレッジを効かすことができます。

そしてそのためには、一流のアスリートたちが重視しているように、休息だけでなく運動や栄養にも気を使う必要があります。

運動、栄養、休養という3つの要素が最適化されると、自己成長が加速し、キャリアの可能性も広がっていきます。

ビジネスパーソンであれば、食事や体調管理も含む運動、学びという名の栄養、そしてパフォーマンスを最大化するため、何よりも十分な休養は欠かせないといえるでしょう。

第一線で活躍し続ける人は、このような「ビジネスアスリート」の発想を持っています。

まとめ

初動を最適化するには、働き方だけでなく、休み方も大事。
いろいろな休息法を試しながら、随時アップデートしていくこと。

Stage 30

書店で言葉を仕入れる

定期的に「言葉の仕入れ」を行いましょう。思考は言葉によって育まれていきます。言葉の量によって思考できる幅に制限ができます。

日々、新しい言葉を仕入れることによって、仕事の中で考えたことやアイデア、企画、将来のビジョンやミッションなども定義できるようになります。

どれほど斬新な発想も、言葉にできなければ具体化されません。キャリア形成に関しても、ファーストステップは具体的な言葉にすることからはじまります。

では、どのようにして言葉を仕入れればいいのでしょうか。

オススメは「書店に行く」ことです。

新しい言葉を自ら仕入れる

新しい言葉は、自ら仕入れなければ血肉化されません。そのためには、主体的なアクションを起こす必要があります。

その最も手っ取り早い方法が、書店に行くというものです。書店に行って本を手に取り、新しい語彙を吸収することで、言葉が増えていきます。

最近では、本の要約動画なども増えてきていますが、わかりやすく解説されたアウトプットを眺めるだけでは。語彙は増やせません。

現代においても、書店が「知の集積地」であることは確かです。そこには、たくさんの、あなたが知らない新しい言葉たちが眠っています。

だからこそ、書店に足を運ぶことが大事なのです。

書店に足を運ぶ意義

中には、1冊の本を読み切るのが大変だと思う人もいるでしょう。そのような人でも、書店に足を運ぶ意味はあります。

できれば本を買って読んでもらいたいのですが、店頭に並んでいる本を見て、ちょっと手にとってみるだけでも構わないでしょう。それだけでも、知的好奇心が刺激されます。

また、表紙を眺めてみたり、使われているキーワードをチェックしたりするだけでも、時代の変化や流れをつかむことができます。それもまたひとつの学びです。

世の中のニーズを知るためには、マーケットを見るより本屋を見たほうが俯瞰できる場合があります。少しずつ語彙を増やしながら、ビジネスの感覚を養うようにしましょう。

必ずしも、本を読み切ることにこだわる必要はありません。

情報収集をネットだけで完結させない

スマートフォンが普及してからは、多くの人が、情報収集をインターネットで完結できるようになりました。ただ、それだけでは不十分です。**多くの人が知らなくて、自分だけが知っていることに価値があるからです。**

過去の歴史が証明しているように、多くの知識は書物によって伝えられています。そして、過去の知見が残り続けているのも本のおかげです。

それに比べてインターネット上の情報は、一定のリテラシーが必要であり、相対的にインスタントなコンテンツが多いです。

一冊の本には約10万字の文字量と、著者の知見と、出版社の編集力の結晶が詰まっています。とくにビジネス書の場合、実践に結びつくと、1500円の投資が100倍、1000倍の成果を生むこともあるため、驚くほどコストパフォーマンスが高いと思います。

結果を出している人のなかで、本をまったく読まないか、あるいは書店に行かない人はいません。どの経営者も、知識人も、過去の知見を学んでいます。いわば人生の攻略アイテムです。

まずは書店に足を運び、言葉に囲まれてみましょう。

まとめ

言葉に囲まれることで、施策の幅が広がる。
新しい言葉を仕入れるために、書店へ行こう。

Stage 31

「はじめまして」を月に3件つくる

人脈の進化は「はじめまして」によってもたらされます。「はじめまして」をいかに生み出せるかが、人脈形成につながります。

「はじめまして」とはつまり、初対面の出会いのことです。初対面の出会いが増えれば増えるほど、自分自身の進化を促します。

普段から初対面の出会いがないか、少ない人は、客観性が育ちづらく、次第に「初対面」が億劫になります。それは未来の損失です。

ことキャリア形成に関しても、人との出会いが次につながるケースも多いです。結局は、人からしか新しい情報は入ってこないのです。そのためには、「はじめまして」を増やすしかありません。

最低でも、月に3件は初対面の人に会うようにしましょう。

新しい出会いがチャンスを呼ぶ

新規の出会いがなくなると、人は徐々に退化していきます。出会いには、人と情報の2つがあります。新しい情報が外部からもたらされず、チャンスをチャンスと気づけなくなります。

ピンチもチャンスも、人からしかやってこないのです。じっとしていればピンチはやってきませんが、チャンスもやってきません。新規の出会いを継続的に得ることこそ、成長の糧となるのです。

そのため、多少のリスクをとってでも、新しい出会いを能動的に得ていく必要があります。自分の足で人に会い、情報を取りに行く姿勢が求められます。

昔の人脈に頼っている人もいますが、自身の進化に応じて、人脈も進化させるべきです。

古い友人や知人を切り捨てろというわけではありません。むしろ、本当に大切にしたい仲間を守ってあげられる、救える強さを身につけるほうが、建設的だと思います。

自己紹介で自分を知る

新しい人に出会い、自己紹介をするシーンが増えるだけでも、成長のきっかけを掴めるようになります。自己紹介は、現在の自分を認知する行為だからです。**自分自身を知るには、自らを他人に紹介するのが最も手っ取り早いです。**そこで何らかのフィールバックをもらうことで、新しい自分に出会えます。

たとえば僕の自己紹介は、何度も何度も繰り返しているので、ほぼ型が決まっています。ただ、それは相手が日本人のときだけです。

かつて外国人留学生に対して自己紹介したとき、「学生時代、甲子園に出場しました」と言っても、「コウシエン？」と不思議な顔をされるだけでした。その単語が意味をもつのは日本人相手のときだけです。

僕がすかさず「ベースボール」という言葉に切り替えると、「おお、野球をやっていたのですね！」とようやく通じたのですが、国が違えば、自己紹介も工夫しなければならないと痛感しました。

このような気づきが得られるのも、新しい出会いのおかげです。

成長し続けるために

人脈は、新しい視点をもたらします。新しい視点は、成長のきっかけとなります。

もしあなたが、長いこと自己紹介をしていないとしたら、危機感をもってください。

ゆるやかな退化がはじまっているかもしれません。

自分は自分のことを知っていたとしても、大半の人は、あなたのことを知りません。知らないからこそ、自己紹介をする意味がある。そして自己紹介は、新しい気づきにつながります。

人は人から学び、影響を受けます。人脈を進化させ、新しい自分と出会うために、「はじめまして」を月3回、増やしてみてはいかがでしょうか。

まとめ

新規の出会いによって、ピンチもチャンスもやってくる。
月3件の「はじめまして」で、自身を進化させていこう。

Stage 32

目標設定「ハジキの法則」

仕事のスピードは、「目標設定」によって決まります。

算数の時間に習った「ハジキの法則」は、「速さ」「時間」「距離」という3つの関係性（計算式）を表したものです。それと同じように、目標までの距離を短くすれば、必然的に速さも決まっていきます。

たとえば、現在の売上が5000万円だった場合。1年後の売上目標を1億円としたとき、昨年より2倍の速度で仕事をしなければなりません。

一方で、1年後の売上目標を5億円にしたとしたら、昨年より10倍の速度で仕事をしなければならなくなります。

このように、達成可能性はともかくとしても、設定した目標から仕事の速さが決まるのは確かです。だからこそ、どのような目標を設定するのかが問われてきます。

その目標でテンションが上がるか

ハジキの法則からすれば、目標を高く設定すればするほど、仕事のスピードを速めることになります。

ただ、スピードを速めることばかり考えていると、設定した目標が高くなりすぎてしまい、挫折する可能性が高くなってしまいます。

もっと言うと、設定した目標に対して「テンションが上がらない」状態に陥ってしまうのです。結果として、仕事そのものが辛くなります。

そうならないよう、スピードとテンションのバランスを考慮し、それぞれを最大化できる目標を設定するようにしましょう。

自分にとって最適な目標設定ができれば、それが仕事を推進するための武器になります。

目標設定にも実践と改善が不可欠

とは言っても、最適な目標を設定するのは難しいです。

学生時代の部活動などであれば、「県大会で優勝」「全国大会進出」など、わかりや

現状・課題・目標の構図

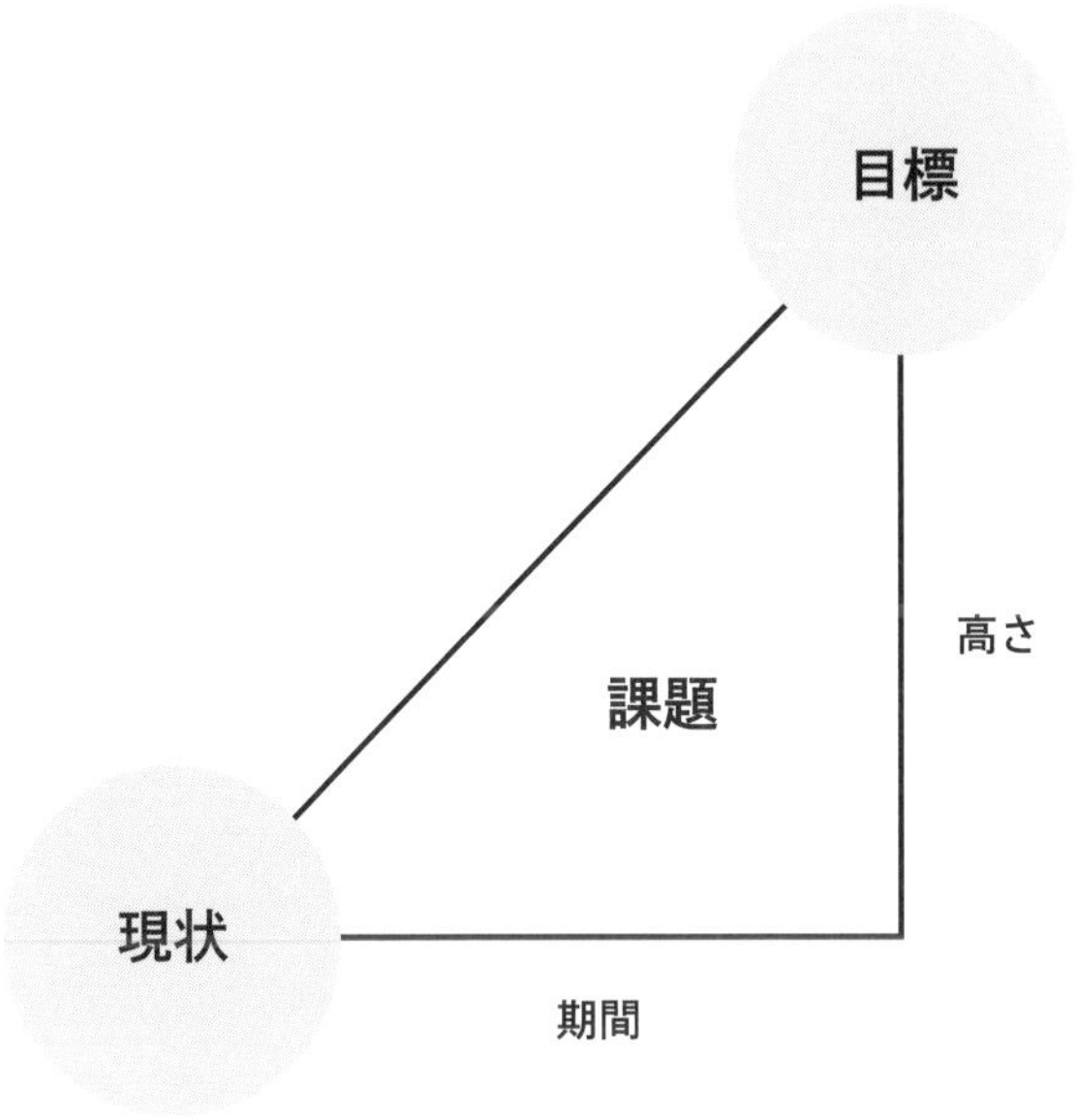

目標に対する現状とのギャップが課題。
課題には「高さ」と「期間」が存在する。
目標が高ければ、期間を変えない限り、
スピードは速めないといけない。

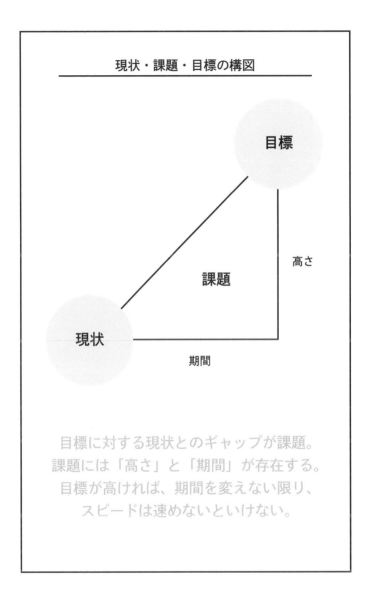

すい目標も立てられたと思います。あるいは、周りが設定してくれたケースもあるでしょう。

しかし社会人は、自分で目標を設定しなければなりません。それもいい加減にではなく、スピード、成果、テンションなどを考慮して最適な目標を設定する必要があります。

少なくとも、受け身になるのは避けるべきです。**誰かが目標を設定してくれるまで待つのではなく、自分で設定しながら試行錯誤してみること。**目標設定もまた、実践と改善の繰り返しが求められます。

改善を繰り返していけば、目標設定スキルも向上していきます。

数字にとらわれないこと

設定する目標は、数字だけにとらわれないことが大事です。

たとえば不動産業であれば、5000万円や1億円などの売上目標を立てることがあるでしょう。一方でウェブ広告業界であれば、50万円や100万円などの目標が設定されるケースもあります。

単純に数字だけで比較すると、後者のほうが明らかに劣っているように思えます。**しかし重要なのは数字の大小ではなく、適切な高さ、距離、そして自らの意欲がどう関係しているかです。**

高ければいいのではなく、また低すぎてもダメです。いい塩梅を自分なりに調整していくことで、仕事に対する意欲も情熱も、あるいは楽しさも生み出すことができます。

「この目標を設定すればテンションが上がる！」という感覚を軸に、目標の高さ、距離、時間を見極めていきましょう。

まとめ

仕事のスピードは設定する目標によって決まる。テンションが上がる高さを知り、スピードにつなげよう。

Stage 33

日常に「?」マークをつける

考えるスピードを速くするには、「言葉にする」ことが有効です。

そもそも思考のパターンには「言語」と「非言語」があります。言語はコントロールしやすい反面、非言語はコントロールしにくいのが特徴です。

たとえば筋肉にも「随意筋《ずいいきん》」と「不随意筋《ふずいいきん》」があります。意識下で動かせる随意筋に対し、反射的に動いてしまう不随意筋は完全なコントロールができません。無意識に動いてしまうためです。

そこで必要なのが、不随意筋を鍛えるのではなく、随意筋を鍛えることによって不随意筋の能力も高めるという発想です。そうすることで、間接的に能力を高めます。

これは思考においても必要な発想で、**非言語ではなく言語を鍛えることが、無意識の思考を向上させます。**思考を鍛えたいのであれば、言語、つまり言葉にすることが大事なのです。

「言語脳」を動かそう

言葉にするというのは、「言語脳を動かす」ことを意味します。

脳は肉体のような鍛錬はできないものの、使用することによって機能を高めることは可能です。感情や意見を言葉にすることによって、言語脳が動き、思考スキルの向上につながります。

言葉にする際に最も手っ取り早いのは「疑うこと」です。あらゆる物事に「？（はてな）マークをつける癖を身につければ、それだけで思考が回りはじめます。

「本当にそうなのか？」「他に選択肢はないのか？」「この目標設定は合っているか？」などと疑いながら、そこで思考したことを言語化していく。そのような習慣が脳を鍛え、思考力および思考スピードの向上につながります。

さらに、問題を定義したり、解決策を導き出したりする能力も養われます。

疑問をもてば思考停止にならない

思考することの対極は「思考停止」です。言語脳を止めることによって、思考停止は簡単に達成できます。

ときには、脳を休めて思考停止することも大事でしょう。意識的に思考を停止させて、頭をからっぽにするのも無意味ではありません。

しかし、意識的に初動力をあげたいのなら、普段から言語脳を鍛える必要があります。思考停止をデフォルトにするのではなく、常日頃から言語脳を動かし続けることが大事です。

まずは疑問を持ってみる。あらゆるものに「What?」「Why?」をつけて、疑問を投げかけてみるようにしましょう。

疑問をもっている限り、思考が停止することはありません。

思考習慣が初動力の質を高める

思考はスキルです。鍛錬によって向上します。

普段から考えている人は、物事の背景や意図を瞬時に察知することができます。反

考えるスピードは疑う習慣がつくる

日常にはてなマークをつけると思考が始まる。

対に、思考が停止している人は、何も考えずに動こうとします。その違いが初動力の差を生みます。

初動が悪ければ仕事全体の成果が下がってしまうように、思考習慣がないと初動の質が向上せず、仕事のスキルも高まりません。

他方で、思考スキルは一朝一夕で身につくわけではなく、習慣化することが大事です。疑う癖をもつようにすれば、自然と思考は習慣になります。

たとえば、本を読んで鵜呑みにするのではなく、「本当にそうなのかな?」「違うかもしれない」などと考えてみる。そのような発想から、自分なりの視点が得られることもあります。

もしくは「こうすればもっとうまくいくのでは?」と考えるのもいいでしょう。そこから新しいビジネスが生まれることもあります。

まとめ

考えるスピードを速めるには「言葉にする」ことが大事。普段から疑問をもつことによって、言語脳が鍛えられていく。

Stage 34

読んで把握し、書いて理解する

ビジネスとは、「情報のやり取り」がすべてです。

物理的なモノのやり取りもありますが、モノに内在される情報を含めてやり取りをするのがビジネスコミュニケーションの構造です。そのため、つねに情報収集能力が求められているのです。

情報のやり取りには「発信」と「受信」があり、それぞれをつなぐ「編集」によってコミュニケーションが成り立ちます。

とくに「受信」に関しては、「読んで把握すること」「書いて理解すること」の2点が重要となります。

これら2つの行動が、受信の精度を高めていくのです。

内容を正しく受信すること

情報の受信は、内容の「把握」や「理解」を伴わないまま進むことがあります。提供している側も、相手がきちんと理解しているかどうかもわからないまま話すこともあるでしょう。

たとえば、企業の経営者が社員に対して会社のビジョンを語るとき。社長の頭にある発想や思考と社員のそれらが釣り合わず、十分に理解されないままで業務が進んでいく場合も多いです。

ただ、そのような状態のままでも、ビジネスは進んでいきます。進んではいくのですが、途中でズレが生じたり、問題が噴出してきたりして、コミュニケーションが崩壊してしまいます。

そうなると、必要なスキルやノウハウが現場に蓄積されず、スピードも精度も高まっていきません。だからこそ、情報を正しく受信するための工夫が必要になってくるのです。

読んで把握すること、書いて理解すること

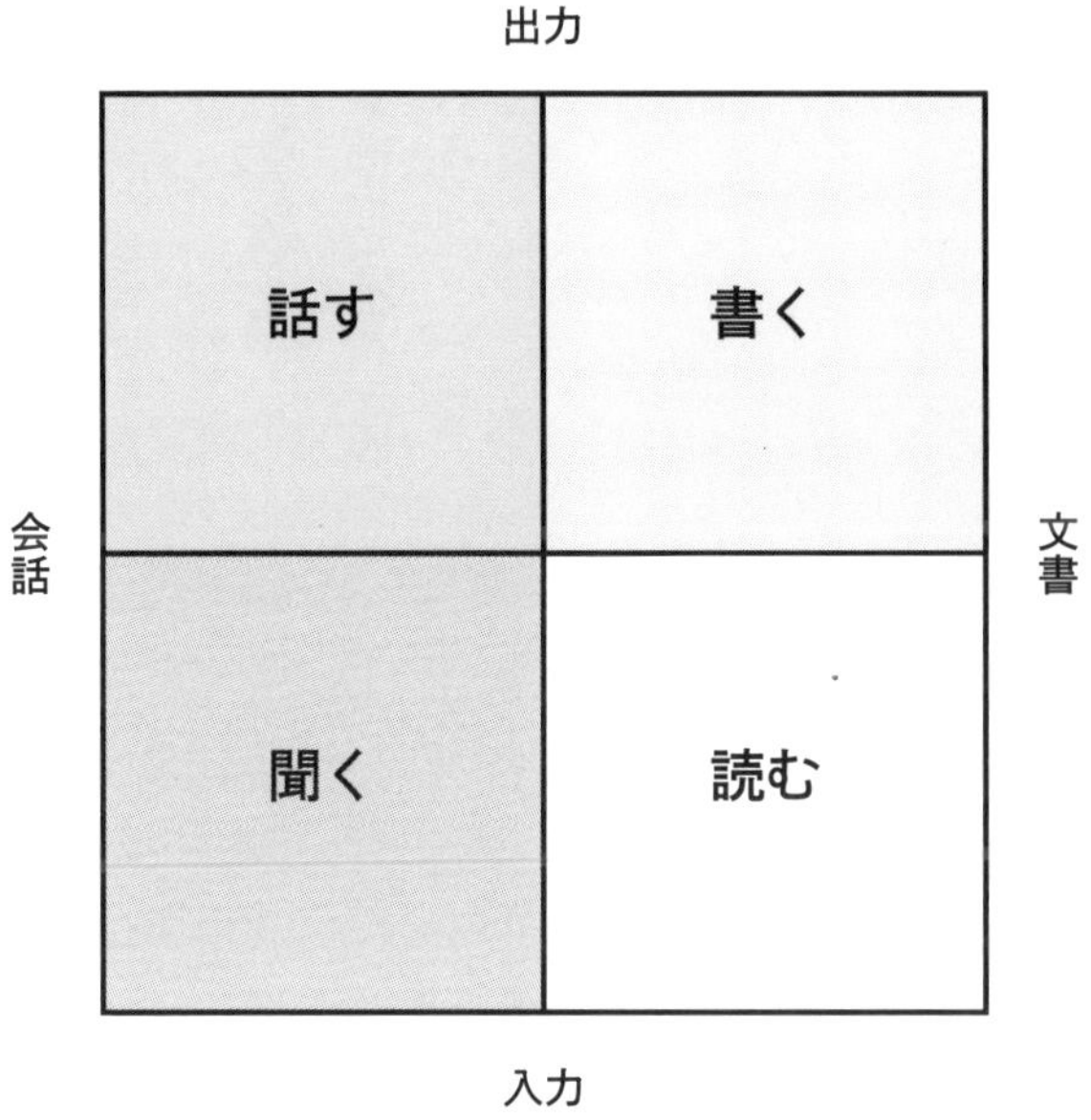

自分の身体を通じて出力すると
理解が深まる。

理解の基本は読み書き

理解するために重要なのが、「読む」と「書く」です。

たとえば、人の話を聞いてメモを取り、そのメモを後で読み返して理解を深めます。中には「聞くだけで覚えられる」という人もいるかもしれませんが、一般的には聴覚情報よりも視覚情報のほうが理解を促しやすいです。

そして、書いたものを見直すこと。その繰り返しが、情報受信の再現性を高め、かつ理解を深めます。 また書くことは、受信と同時に発信にもなります。

アウトプットは過去のインプットに依存する

インプットとアウトプットはどちらも大切です。

とくに寡黙な日本人は「積極的にアウトプットをしよう」と言われがちですが、アウトプットの源泉は、それまでのインプットに他なりません。

相手の話をしっかり聞いておかないと、アウトプットの方向がズレます。「自分はこう思う」と発信するだけでは、思考も人間関係も深まっていきません。

企画や提案に関しても、まず現状をきちんと理解すること。 課題を把握したうえで発信しなければ、より良い解決策を導き出すことはできません。当たり前のことを言っているようですが、年を重ねるごとに自分の中の思い込みが進み、人の話が効けなくなる大人がほとんどなのです。

まずはしっかり理解するための「読み」「書き」をマスターしましょう。

まとめ

ビジネスは情報のやり取りで成り立っている。受信力を高めるためにいま一度、「読み」「書き」を侮るなかれ。

Stage 35

ビジネスはフライングOK

あらゆる仕事は「事前の仕込み」で決まります。

たとえば営業の場合、「月末までにやり切ります！」などと、月末にかけて追い込みをかけるシーンをよく目にします。

しかし、月末に生み出せる成果というのは、あくまでも月初の仕込みに左右されます。いくら追い込みをかけても、月初の段階から仕込みをしていなければ、望むような成果は得られません。

つまり、月末に慌てているようでは遅いのです。

大切なのは、直前の行動が結果を生み出すのではなく、すべては事前の仕込みで決まるという認識です。どんな局面も、スタートダッシュはみんな一緒ではありません。どこまで自分史上最速で仕込めるか、その差でしかないのです。

事前の仕込みしか結果にならない

バックオフィス系の仕事など、どうしても月末にしわ寄せがくる仕事もあります。そのような仕事でも、月末に向けて、何らかの施策を打つことはできます。先月以前に時間がかかった業務の分析や施策の立案なしに、毎月同じルーティンワークをするのであれば、その仕事は機械に奪われます。

ただ、営業などの売上を生み出していく人も、月初の仕込みで月末の成果をあげていくことが求められます。 仕込みをしないのは、サボっているのと同じです。

そもそも売上というのは、相手ありきのことなので、必ずしもこちらの思惑どおりに動きません。自分以外の人が決断してはじめて結果に結びつきます。

そう考えると、月初の段階から連絡を取っておいたり、情報提供したり、あるいは提案したりしておかなければ、月末の結果につながらないのは当然です。

先を見越して動いておくこと

できない営業パーソンほど、月末になってから「なんとかお願いしますよ」「決算期なのでサービスしますよ」などと、慌てて対処しようとするものです。

ただ、仮にそれで決まったとしても、翌月の問題があります。急場をしのぐやり方は再現性に乏しいのです。

あらゆる仕事は、仕込みをした分しか結果になりません。「食べたものが身体をつくる」ように、事前の仕込みが結果に直結します。

いつも月末に追い込みをかけている人は、「追い込んでいる時点で遅い」ということを自覚しましょう。

初動を早くすれば、自然と仕込みができるようになります。トップセールスマンは、月末の段階ですでに翌月の仕込みをしています。そのレベルまで、初動を早めていきましょう。

初動を早める遠く高い目標設定

目先の結果のみ求めている人は、当初の予定より大きな結果を出すことができません。

今日できる行動の範囲は決まっています。どれだけ頑張っても、24時間のうちにできる行動しかできません。それでは、限界があります。

限界を超えて成果を出すには、今日だけでなく、長期の目標設定が不可欠です。今より遠く、高い目標を期日と共に掲げると、自ずと初動が早まります。

結果を出す人とそうでない人は、目標設定の時点で差がついているのです。

まとめ

月末になってから頑張るのでは遅い。
結果は、過去の「仕込み」によって決まる。

Stage 36

社外に上司を持つ

自分を成長させてくれる存在として、「メンター」は欠かせません。

メンターとは、指導や助言をしてくれる人のことです。社内では上司や先輩がそのような役割を担うことも多いですが、オススメは社外にも同様の存在を持つことです。利害関係がない人をメンターにすれば、嘘偽りのない率直なアドバイスをもらうことができます。年を重ね、立場が上がると、この率直なアドバイスが貴重になります。

大企業に勤めている人であればグループ会社の社員や、そうでない人はセミナーなどに参加して、登壇者にお願いするのもいいでしょう。

社外に「メンター」や「師匠」と呼べるような人を持つと、客観性を育めます。また、将来のキャリアについて、フラットな意見がもらえるのも魅力でしょう。

社内のルールに染まらないこと

社内の人材からもらえる意見やアドバイスは、どうしても、その会社のルールや決まりごと、あるいは文化や慣習に依存します。

日本人にアドバイスを求める限り、日本語でしかアドバイスされないということです。**視野が狭くなってしまわないよう、外部の視点で意見やアドバイスをもらえる環境が大事です。**メンターは必ずしも、人でなくても大丈夫です。本などでも、心の拠り所にすることは可能です。

極端な話、将来は独立したほうが実力を発揮できる人でも、社内の人間が引き止めたいばかりに「お前はうちにいたほうが活躍できる」と言われてしまうこともあるかもしれません。

それを避けるには、利害関係のない第三者の目で、フラットに評価してもらうことが大事です。

フラットな視点でのアドバイスが大事

会社として目指す方向と、個人として目指す方向が、必ずしも一致するとは限りません。タイミングや成長スピードのズレは起こります。

経営者としては、個々人の資質を評価しながら、そのスキルをなるべく社内で発揮してもらいたいと考えます。他方で個人のキャリアから考えると、それがベストとは限りません。

すでに世の中は個人の時代になりつつあり、個々人が実力を発揮できなければ、組織としても生き残れないのが実情です。そのため僕自身は、経営者としての立場からも、「個人としての力を持て」と伝えています。

ただ、会社はなかなか「夢に向かってどんどんチャレンジしよう」と言えません。

自分の中に客観性を持たせるために、外部からの声を取り込むことは重要です。

その点において、メンターからのアドバイスは、お金を払ってでも得ることをオススメします。

「井の中の蛙」にならないように

どれほど成長できたとしても、ひとつの組織に留まり続けているといずれ「井の中の蛙」になってしまう可能性があります。

人は見ているものに近づき、接している人に似る傾向があります。「直近で一番長く時間を共にした上位5人の平均年収が、自分の年収」という説は、あながち間違いではありません。

あなた本来のポテンシャルをなくさないためにも、社外にメンターを持ち、外部の目から自己成長に必要な視点を得るようにしましょう。

社内外に〝上司〟がいる人は、どんなときでも成長できます。

社外がどうしても難しい場合は、隣の部署など、直属ではない方にお願いすることをオススメします。

まとめ

自己成長の種は、客観的な視点。
上司、先輩、同僚に加えて、社外にメンターをもとう。

Stage 37

迷わずタクシーに乗り込む

時間は、唯一無二の資源です。買える時間は積極的に買いましょう。

たとえば、歩いて行くよりもタクシーに乗ったほうが早いのであれば、迷わずタクシーに乗ります。その分だけ移動時間を短縮できるのであれば、迷う必要はありません。

あるいは、ちょっとした空き時間ができたら迷わずカフェに入ります。カフェに入って作業をしたり情報整理したりすれば、空き時間が無駄になりません。個人的な目安は「15分以上」の空き時間です。

そのように、あらゆる時間を積極的に購入していくことが大切です。とくに、自分が次に生み出す仕事の成果が投資に見合うものであれば、迷わず投資するべきです。

それがすなわち「時間を買う」ということです。

次にする仕事の価値を見極める

時間を買うクセを身につけると、次の仕事で自分が生み出す価値を考えるクセも身につきます。

要は時間に対する投資対効果です。**次にする仕事の価値が高いからこそ、時間を買ってそこに行くのだという考え方が大事です。**

たとえば、1000万円の商談があるのなら、30分かけて電車を乗り継いでいくのではなく、タクシーで現地に向かったほうが気持ちの余裕も生まれて、現場での話も進めやすくなるかもしれません。

あるいは商談の場所も、コーヒー代が高くついたとしても、ホテル内のラウンジや格式高い喫茶店などを選ぶのもまた、投資のうちです。

そのように、次に迎える仕事の価値の高さを認識し、それを踏まえて時間や場所に投資するという考え方を持てば、初動力が高まります。

仕事で使うアイテムはケチらない

初動力につながる投資としては、他にも「仕事で使うツールに投資する」というものがあります。

たとえば、仕事でも使うスマートフォンやパソコンは、躊躇することなく最新のものを選択するべきです。相応の金額はしますが、初動力を左右する重要な要素であるためです。

もし旧機種を使っているために通信速度が遅かったり、すぐ電池切れしてしまったりすると、それだけ仕事の時間がロスします。精神衛生上もマイナスな感情が生まれてしまうでしょう。

その点、デバイスにお金をかけていれば、時間の短縮やスムーズな進行につながります。大切なのは、ケチるところを間違えないことです。

投資するべきところにきちんと投資していれば、取り戻せる自分になります。

投資を取り戻す感覚を掴むこと

ふだんの生活ということで言えば、「会社の近くに住む」ことも該当します。通勤時間とそのストレスを減らせば、パフォーマンスも高まります。

家賃相場も考慮する必要はありますが、単純に考えれば、家賃への投資よりも期待される収入が大きいのであれば迷うことなく投資するべきです。

投資した場合のメリットが必ずしも数字で示せるわけではありませんが、取り戻せる感覚を掴めるようになると、それだけ迷いはなくなるでしょう。

移動時間、場所、デバイスなど、仕事の生産性向上につながる投資先を探してみてはいかがでしょうか。

まとめ

結果を出したいなら「時間を買う」こと。金額に見合う投資であれば、躊躇なく行おう。

Stage 38

「締め切る力」が初動を加速させる

締め切りを設定すると、仕事の速度が決まります。

「Stage30　目標設定『ハジキの法則』」で紹介したように、目標設定の高さ（距離）と時間はお互いに関係し合っています。目標の高さ（距離）と期間（時間）を決めれば早さが決まるように、時間（締め切り）を決めると、早さを決めることができます。

一方で、あらかじめ時間（期日）を決めていないと速度が規定されません。速度が決まらないまま、目標の高さも明確にならず、ついダラダラと仕事をしてしまうことになります。目標を達成できないのは、締め切りの設定がないからなのです。

目標の高さだけでなく、締め切りを設定し、仕事のスピードを明確化しましょう。

締め切りを活用することで自分を追い込むことを「締め切り効果」と言います。ハジキの法則を踏まえつつ、締め切り効果を利用しましょう。

締め切りの設定は難しい

「締め切りが大事」ということは、多くの人が認識しているかと思います。ただ、どのようにして締め切りを設定すればいいのかについては、あまり正確には理解されていません。締め切りの設定とは、目標設定の力と似ています。それ自体がスキルであり、設定のトライ&エラーがないと改善されません。

以前、ある学生インターン生に資料作成をお願いしたことがありました。勉強ができるだけでなく、行動力もある非常に優秀な人です。

ただ、納期については考え方が身についていなかったようです。彼は「2週間後ぐらいに出します」と答えました。

本来、資料をつくるのに2週間もかける必要はありません。むしろ、早くフィードバックをもらえるよう、未完成でも短期間で提出するのが望ましいです。

いくら優秀な人でも、適切に締め切りを設定できるとは限らないのです。

期日の分だけ仕事は増える

109ページで「パーキンソンの法則」というものを紹介しました。

その第一法則は、「仕事の量は、完成のために与えられた時間をすべて満たすまで膨張する」というものです。

納期も同様で、長く設定すればするほど、仕事の量が増加してしまいます。しかも、アウトプットの質にはそれほど大差がありません。

であれば、納期をできるだけ短い時間に設定し、フィードバックを得たほうが得策でしょう。自分だけでなく、相手の改善提案も参考にできるためです。

そのことからも、納期は短く適切に設定するのが大事だと分かります。

早めに提出して修正する

あらゆる仕事は今日中にやってしまうか、今日中にできないなら期日を設定しましょう。

そして、期日はなるべく短くし、仕事のスピードを速めていくことです。「ハジキの法則」にもあるように、目標の高さと期日の設定が、速度を規定します。

締め切り効果を活用する

パーキンソンの法則

**仕事の作業時間は
期限いっぱいまで
かかる**

納期を長くしても、さほどクオリティは変わりません。むしろ、改善を前提にして、早めにアウトプットするようにしましょう。

締め切りをコントロールできる人は、仕事のスピードも調整できるようになります。

仕事の速度を上げたいのであれば、戦略的に「締め切り効果」を活用しましょう。

まとめ

締め切りと目標の高さによって、仕事の速度が決まる。
期日を短くして、早めにフィードバックを得ることで、品質が高まる。

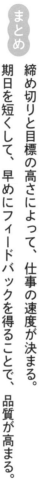

Stage 39

1000円以下は即決する

仕事に関する支出では、「1000円以下は即決」がオススメです。**ポイントは、即決することにあります。**

たとえばアップルの創業者であるスティーブ・ジョブズは、黒のタートルネックばかり着ていました。その理由は、人間の決断力には限界があり、決断の数を減らすために着るものを限定していたからだそうで、これは有名な話です。

とくに経営者は、日々、決断の連続です。そこで、決断力を無闇に消費してしまわないよう、あらかじめ着るものを決めていたのでしょう。

決断力には個人差があるものの、決断できる回数が有限であることは誰もが実感しているはずです。決断エネルギーの無駄遣いを減らす意味でも、仕事に関する支出は、1000円以下であれば即決をオススメします。

本能的に支出をする

年齢とともに役職が上がり、動かすお金が大きくなると、「何に、どのくらいの金額を支出するべきか」もわかってきます。「感覚がつかめるようになる」と表現してもいいでしょう。

ただ若いうちは、判断軸や経験が乏しいために、小さな支出にもいちいち迷ってしまいがちです。それで無駄に決断力を消費してしまい、大事な決断ができなくなるのは本人にとってマイナスでしょう。

そうならないよう、小さな決断には、一定のルールを設けることをオススメします。無理にメリット／デメリットを考える必要はありません。

日常のちょっとした悩みや決断タイミングをルール化しておくことで、自己投資に躊躇しない自分をつくり、重要なシーンでの決断力を養うことができます。

いちいち検討しないこと

思考習慣としては、野球の「1000本スイング」に近いかもしれません。

スイングを繰り返すのは、打席に立っていちいち思考しなくても、自動的に身体が動くようにするためです。考えていては反応できないことも、身体に覚えさせて対応します。

10本や100本ではなく、1000本もスイングをしていると、力が入らなくなり、必要最低限の力でバットを振れるようになります。その状態が理想です。

即決に関しても、いちいち小さい問題に反応するのではなく、あらかじめ決めた通りに動くこと。いかに徹底できるかが、結果を左右します。

とくに支出に関しては、自分で見極めていく必要はありません。1000円以下の支出を躊躇することのほうが、時間的損失が大きいのです。

即決即断で無駄をなくそう

たとえば、1000円以下の支出にはどのようなものがあるでしょうか。

ペンやノートなどの文房具を購入する、新書を購入する、カフェに入る、タクシーに乗る、軽食をとるなど、いろいろな支出があるかと思います。

よく遭遇する局面の決断方法をルール化していくことが大事です。僕の場合、外出先で15分以上、空き時間ができたら迷うことなくカフェに入り、近場の移動でもタクシーを利用します。

そのような習慣が、決断力の無駄を減らします。そして、本当に重要な決断ができるようになるのです。

よくあるちょっとした悩みは、決断のルールを決めておく癖を身につけましょう。

まとめ

1日でできる決断の数は限られている。
決断力を損なわないよう、ルールで自分を守ろう。

Stage 40

すべてスマホで片づける

初動力を高めるためには、いつでも仕事ができる環境をつくることが大切です。

過去の歴史を振り返ってみると、人類は、高い目標を掲げ、現状とのギャップを同じ時間内に克服しようとチャレンジしてきた結果、効率化のノウハウやツールを誕生させてきました。

コンピュータが普及するまでは、紙とペンを使用して行うペーパーワークが基本でした。メールやメッセージツールが普及される前には電話が主流であった時代がありました。

コンピュータの普及はスマートフォンの進化がもたらしたものであり、その中核技術は「インターネット」です。

僕たちは歴史に学ぶ必要はあれど、歴史を繰り返す必要はありません。今あるツールを使いこなし、より高い付加価値を後世に残すことが求められています。

外でも仕事できる環境がベスト!

避けたいのは、「オフィスに戻らなければ仕事ができない」状態です。いちいちオフィスに戻らないと仕事にならなければ、それだけロスが生じます。移動の時間もかかりますし、意思決定のスピードも遅くなるでしょう。そうならないよう、情報やファイルのやり取りは、可能な限り外でも行えるようにしましょう。

望ましいのは「いつでも/どこでもコミュニケーションが取れる」状態です。単純にレスポンスが速くなることに加えて、いつでもどこでも対応できることがスケジューリングに余裕を生みます。「後回し」という選択も、余裕があるからこそできるのです。

何らかの情報が入ってきたとき、とりあえずメモするのか、スケジューリングするのか、返信するのかなど、自分で選択できる状況をつくりましょう。

効率を最大化する「スマホで仕事」

とくにオススメなのは、スマホで仕事ができる環境づくりです。ポイントは2つあります。

1つ目は「いつでもインプット」。歩きスマホは危険です。しかし、イヤホンをつけて音声を聞くことは、歩きながらでもできます。オーディオブックなどを入手して、自分の仕事の情報をインプットしていくことは可能です。まとまった時間が取れずに、買った本を〝積ん読〟にしがちな人におすすめです。

2つ目は「いつでもアウトプット」。資料づくりやコンテンツ制作などで、実際の作業はパソコンで行うにせよ、骨子やストーリーラインづくりは思いついたときに行えるといいでしょう。EvernoteやGoogleDocsなどのクラウドツールや、手書きメモアプリなどを駆使して、アウトプットを止めないようにしましょう。

環境づくりはルールの範囲内で

ただし、会社によっては営業時間外の連絡がNGであったり、個人情報や秘匿情報を取り扱ったりする場合など、外での対応が難しいこともあるでしょう。上場企業や大手企業などはとくにそうです。

そのような場合は、無理のない範囲で仕事環境を整えるようにしてください。たとえば、簡単なメモをとるだけにするとか、自分宛てにアウトプットの内容をメールするなど、会社の規定やルールを守れる範囲で工夫しましょう。

大切なのは、インプットとアウトプットが無理なくできる環境づくりです。デジタル／アナログにかかわらず、そのために活用できるツールがあれば積極的に採用していきましょう。

まとめ

スマホの活用など、環境整備は仕事のスピードを左右する。
スマホ＝コンピュータ。これ以上高性能・便利なツールは存在しない。

Chapter

6

初動力を極めた先にあるキャリア

初動力を高め、着実に成果を出していく。その先にあるのは、仕事のみならず、あなたの人生そのものの未来像です。明確なビジョンがあってこそ、初動力の効果もより明確なものになっていきます。最終章では、初動力の先にある具体的なプランの立て方を明示していきます。

Stage 41

未来年表を作成する

個人のキャリアをつくるときにも、初動力は武器になります。

なぜなら、現代は何度でもチャレンジできる時代であり、失敗と改善を繰り返しながら成長していくのが基本だからです。早く失敗してフィードバックを得て、理想と現実のギャップを理解し、その差を埋めていくことが大切です。

そこで、用意するべきなのは「未来年表」です。未来年表は拙著『福山式仕事術』（晶文社）でも紹介している手法ですが、**ある未来の時期における収入、家族構成、住居、立場などを具体的に記入していく年表になります。**

出来事を軸にした未来年表を用意することで、現状とのギャップを可視化できます。

過去は変えられないが未来は変えられる

未来年表の内容は、随時、更新していくものです。**1年ごと、あるいは毎月でも、必要に応じて内容を変更しても大丈夫です。**

確定的な未来年表をつくりたいのなら、無理に変える必要はありません。ただ、状況に応じて、描く未来が変わっていくこともあるでしょう。

たとえば僕が2013年に作った未来年表は、サイバーエージェント内での出世と成長を起点に考えていました。しかしその後、独立してからは、その枠をはみ出して望む指標も変わっています。「自分がどうなる」から「世界をこう変える」に進化しました。

また、結婚して家族ができてからも、描く未来は変わりました。目標も、より現実的な数字ではじき出すようになり、その点においても進化しています。

このように、ライフステージに応じて、未来年表の中身は更新されていきます。

未来年表で初動力を高める方法

僕自身、未来年表で掲げている目標は、ほぼ、前倒しで達成されていきます。なぜなら、目標を掲げることによって達成までの距離がわかり、「いつかやりたい」が、「いつまでにやる」に変換できたからです。

目標を掲げることなく、「出世したい」「稼げるようになりたい」と考えているだけでは、そこに近づけたかどうかもわかりません。いつまでにどうなっているか、状態を可視化してみましょう。

最初のうちは、恥ずかしい内容でもいいですし、ちょっとぐらい無謀なことでも構いません。恥ずかしくない目標は、ただの現状維持に他なりません。

たとえば「5年後に係長になる」「10年後に課長になる」というのではなく、「3年以内に社長になる」などが望ましいです。期間を短くし、高さを上げるのです。

できて当然の目標を掲げても初動力は高まりません。通常、10年かかることを1年で達成しようとしたときに、初めて工夫が生まれます。目標達成までの最短距離を考えるようになります。

出来事を軸にした未来年表を作成する

僕の未来年表（2013年時点）

年	敦士			妻		居住地	子ども			孫
1年後 2014年	25 歳	540 万円	部長	[redacted] 万円	看護師	中目黒	—	—	—	—
5年後 2019年	30 歳	120 万円	社長	[redacted] 万円	主婦	横浜	第1子 （4歳）	第2子 （2歳）	第3子 （0歳）	—
10年後 2024年	35 歳	2000 万円	社長	[redacted] 万円	主婦	横浜	第1子 （9歳）	第2子 （7歳）	第3子 （5歳）	—
15年後 2029年	40 歳	3800 万円	社長	[redacted] 万円	社長	シンガ ポール	第1子 （14歳）	第2子 （12歳）	第3子 （10歳）	—
20年後 2034年	45 歳	5000 万円	社長	[redacted] 万円	社長	インド ネシア	第1子 （19歳）	第2子 （17歳）	第3子 （15歳）	—
25年後 2039年	50 歳	8000 万円	社長	[redacted] 万円	社長	鎌倉・ 辻堂・逗子	第1子 （24歳）	第2子 （22歳）	第3子 （20歳）	—
30年後 2044年	55 歳	1.2 億円	社長	[redacted] 万円	社長	長野	第1子 （29歳）	第2子 （27歳）	第3子 （25歳）	1人

これは私が2013年に作成した未来年表です。未来年表によって自らの将来を数値化しておくと、ライフプランが設計しやすくなります。未来年表を作成したら、必ず体的に見返してみてください。見返すことによって、実現するための軌道修正が可能になります。

僕の未来年表（2019年時点）

年	敦士	妻	第1子	第2子	第3子	資産	住居	出版部数
2017年	28歳	30歳	0歳	—	—	¥50,000,000	南青山	
2018年	29歳	31歳	1歳	—	—	¥250,000,000	乃木坂	5万部
2019年	30歳	32歳	2歳	0歳	—	¥400,000,000	乃木坂	10万部
2020年	31歳	33歳	3歳	1歳	—	¥450,000,000	乃木坂	15万部
2021年	32歳	34歳	4歳	2歳	0歳	¥500,000,000	乃木坂	20万部
2022年	33歳	35歳	5歳	3歳	1歳	¥550,000,000	乃木坂	25万部
2023年	34歳	36歳	6歳	4歳	2歳	¥700,000,000	乃木坂	30万部
2024年	35歳	37歳	7歳	5歳	3歳	¥800,000,000	乃木坂	35万部
2025年	36歳	38歳	8歳	6歳	4歳	¥1,000,000,000	カリフォルニア	40万部

2013年と2019年の変更点は、「1年刻みになった」「年収以外に『資産』の項目ができた」「『学問をつくる』ことに対するKPIに『出版部数』を設定」などです。書き出したことによる効果として、「年収目標は達成」「妻を社長にすることも達成」「5年後、10年後を1年後、2年後スパンで現実的に考えられるようになった」ということが挙げられます。

恥ずかしい目標を掲げよう

また、設定する目標の期日は、必ずしも長期でなくて構いません。1年後でも2年後でもいいので、なるべく恥ずかしいくらいの目標を掲げましょう。

必ずしも他人に見せる必要はないので、思い切ったものにしてください。「今の成長速度じゃ間に合わないかも」と感じるぐらいでちょうどいいです。

中には、「自分の理想がわかりません」「やりたいことが見つかりません」などと言う人もいますが、短期間で出世することを目標にしてみましょう。

たとえば「3年後に部長になる」「5年後に社長になる」などの目標を掲げ、達成して地位とお金を手にすれば、新しい境地が見えてきます。見える世界が変わると、責任も発生し、新たな課題意識が芽生えます。

その先に視座が上がることで、自分が本当にやりたいことが見えてきます。

まとめ

未来年表をつくり、現状と目標のギャップを体感しよう。
掲げる目標は「現状維持」ではなく、期日を短くして、程度を高くしてみよう。

Stage 42

目標設定は数字で語る

自分のキャリアを思い通りコントロールするには、目標設定を「数字」で定める必要があります。

目標設定には「定量」と「定性」があります。**定量とは、具体的な数字を設定すること。定性とは、内容や中身についての言葉の目標設定です。**

このうち、とくに重要なのは定量です。目標までの距離と現在のギャップを数字で測り、達成までの具体的な行動を可視化することが、キャリア形成を確実なものにします。

「○○になりたい」「○○がほしい」など、定性的な目標だけでなく、そこに至るまでに必要な数字（高さと距離）を見極めておくこと。

重要なのは、ギャップを埋める行動スケジュールです。

目標は数字で設定する

イメージを固める上で、定性的な目標設定は大事です。ただ、実現したいキャリアをイメージするだけでは、具体的な行動スケジュールに落とし込めません。

そこで、数字で認識できる定量の指標を活用してください。重要なのは、その数字が高いかどうかではなく、現状とどれだけ距離があるかです。

ギャップを可視化する意義は、そのギャップに対するアクションプランを立案することにあります。ゴールまでの距離を知り、そこに至るまでの計画をつくるのです。ゴールまでの距離がわからなければ、闇雲に走るしかありません。それでは、計画に具体性がありませんし、いつ到達できるのかも検討がつきません。

だからこそ、数字で設定することが不可欠なのです。

目標との距離を理解する

陥りがちな罠として「去年よりは成長している実感」というものがあります。若い人に自己成長について聞くと、そのような受け答えをするケースが多いです。

しかし、社会人として働いている以上、去年よりも成長するのは当然です。問題は、目標とのギャップが埋められているかどうかです。

目の前の仕事に全力を尽くし、一生懸命頑張っていたとしたら、成長しないのはおかしいです。ここで問題にしているのは、成長しているかどうかではなく、成長の〝角度〟についてです。

成長の角度が自分の望むものに合致していれば、設定した目標へ着実に近づいているはずです。**大事なのは、去年との差ではなく、目標との距離にあります。**

もし、成長の角度が合っておらず、目標への達成スピードが遅れているなら、行動を改善しなければなりません。そしてその改善行動も、数字で設定することが求められます。

数値目標は「積み上げ式」で

目標として掲げる数字は、どんなものでも構いません。ただ、これからの時代、「年収」や「月収」などの指標には、それほど価値はありません。お金の価値は相対的に下がるからです。

それよりも、仕事の中で積み上げていく実績のほうが、やりがいや達成感、そして

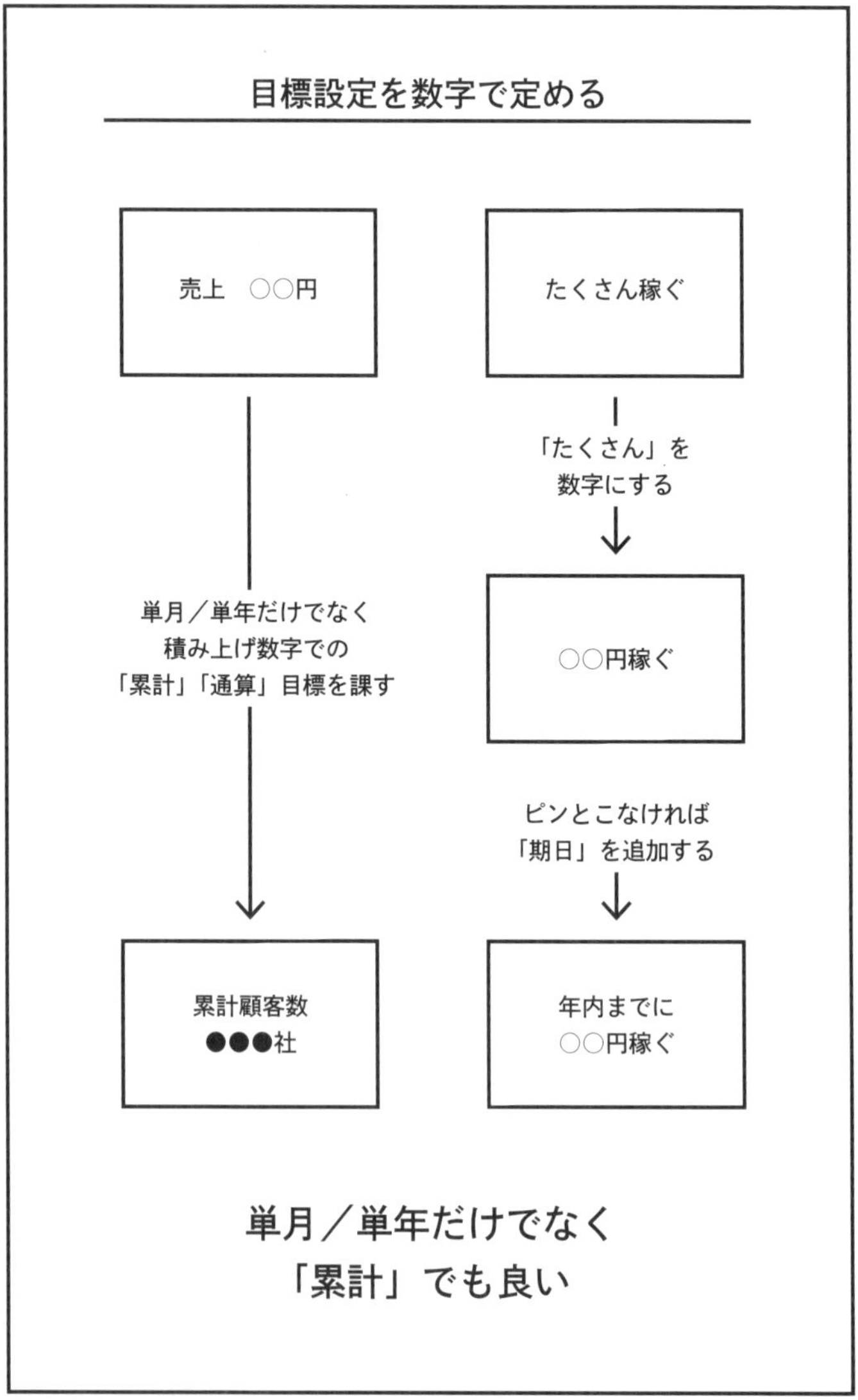
目標設定を数字で定める
売上　○○円
たくさん稼ぐ
「たくさん」を
数字にする
○○円稼ぐ
単月／単年だけでなく
積み上げ数字での
「累計」「通算」目標を課す
ピンとこなければ
「期日」を追加する
累計顧客数
●●●社
年内までに
○○円稼ぐ
単月／単年だけでなく
「累計」でも良い

人生の充実につながりやすいでしょう。たとえば、「何人に会った」「何枚の資料を作った」「何件の契約を獲得した」などの数字です。

これらの数字を、誰にも到達できないレベルまで積み上げていくと、それが確固たる自信になります。計画通りに行動している以上、数字は確実に積み上がります。下がることはありません。

また、達成したかどうかだけでなく、積み上がっていくペースにも着目しましょう。そうすれば「未達」にも意味が生じてきます。誰にも絶対に負けない領域というのは、そのようにして構築されていくのです。

まとめ

目標は具体的な数字で設定すること。
積み上げの目標を設定することで、絶対的な自信を身につけよう。

Stage 43

ミッションを言葉にしてみる

個人のキャリアというは、自らの「ミッション（使命）」を具体化したものです。

つまり、「自分の命をどう使うか」を体現したものがキャリアとなります。

そのため、どのような未来を描き（ビジョン）、どのような活動をしていくのか（ミッション）を、明確な言葉で定義しておく必要があります。

僕たちは、先人が築き上げてきた世の中に暮らしています。戦後、何もないところから家をつくり、インフラをつくり、世の中の仕組みをつくってきた人々のおかげで今があるのです。

同時に、僕たちは次の世代に向けて何かを残していかなければなりません。自分の熱量をどこに費やし、何を築き上げていくのか。

それが、個々人の生き方にも問われています。

ミッションは進化していく

ミッションは、人生のある段階で言葉にしておく必要があります。言葉にしなければ意識できず、改善ができないためです。

できれば、早いうちに言語化しておくのが大事です。最初から正しいことを言う必要はありません。状況に応じて更新したり進化したりすることも考慮して、できるだけ早めに設定しておきましょう。

たとえば、「営業パーソンとして、この会社を通じて、社会に貢献する」というミッションを掲げた場合。もし、どこかのタイミングで独立するチャンスが訪れたら、ミッションを変更する必要があるでしょう。僕自身が、そうでした。

また、「日本の○○市場を改革する」というミッションにおいても、視点や視野が変わり、グローバル展開を模索するかもしれません。

このようにミッションは、随時、書き換えていいのです。むしろ、成長とともに変わるべきです。

ミッションの定義が人生を豊かにする

ミッションは、言葉以外で定義することができません。そのため、明確に、自分の言葉で定義するようにしましょう。

たとえば、「○○を実現する」などでもいいですし、「○○さんのようになる」でもいいでしょう。いずれにしても、ミッションが達成に近づいているかどうかがわかる状態にしましょう。

定義した言葉がイメージしやすければしやすいほど、達成可能性が高まります。また、悩んだり迷ったりしたときも、もとの軌道に戻りやすくなります。

自分の使命を見極め、言葉にし、アップデートしていくこと自体が、人生を豊かにします。そのような行動が、生きる意味を確認する行為でもあるためです。

「何に命を使うのか」という思考はまさに、自分の人生を問う行為そのものです。

「人の真似」と「人の逆」で発想する

「ミッションが見つかりません」という人もいるでしょう。たしかにミッションは、そう簡単に見つかるものではありません。なぜなら人は、意志をもって生まれてくるわけではないからです。なくて、当然です。

そこでオススメなのが、「人の真似をする」か「人の逆を行く」という方法です。

たとえば僕の場合は「学問をつくる」ということもミッションにしています。もし、そこに共感したとすれば、そのまま真似をしてみてもいいでしょう。

また、「この人のようになりたくない」という人がいたら、その人がしていることの逆を考えて、それをミッションにするのも有りです。

たとえば、「億万長者になる！」という人の反対として「資本主義社会の弱者を救済する！」などでもいいでしょう。

このようにミッションは、言葉にすることで定義されます。その定義が、あなた自身の進化の起点となるのです。

まとめ

ミッションは、言葉で定義しておくこと。
成長とともに、ミッションも進化させる。

Stage 44

黙って出世する

ビジネスはスポーツと同じです。できないよりは、できるようになったほうがはるかに面白くなります。仕事でもスポーツでも、苦手なものは楽しくありません。

たとえば僕の場合、野球は得意ですが、水泳は苦手です。子どもとプールに行っても泳げないので退屈してしまいます。あるいは、ゴルフも得意ではありません。ただいずれも、練習して上手になれば、楽しくなるという実感はあります。

このように人は、ビジネスもスポーツも、できるからこそ楽しくなります。

とくにビジネスは、過去の「できた」「できる」という体験を積み重ねることで、もっともっと楽しめるようになります。

そして、そのような体験を具現化したものが、出世なのです。

自分に向いていることを知る

ビジネスが得意でない人は、あえて「やらない」という選択肢をとることもできます。そもそも、苦手なものは楽しめないからです。

それなら、ビジネス以外の選択肢を模索し、キャリアを変更していったほうがいいでしょう。社会的活動や文化・芸術、研究者、公務員など、ビジネス以外の道もたくさんあります。

ただし、短期間だけ経験して「自分には向いていない」と早合点するのは避けるべきです。**いくつかの成功体験を積んだ上で、それでも苦手だと思ったとき、あらためて検討しましょう。**

得意／不得意というのは、一定の経験を経なければわかりません。

「食わず嫌い」という言葉があるように、苦手だと思っていたことも成功体験を積み重ねていった結果、得意だと判明することもあるのです。出世することで、初めて見えてくる景色もあります。

出世することで見えてくる世界

そこでオススメなのが、「とりあえず出世する」という発想です。

成功体験のうち、最も明確でわかりやすいのが出世です。出世すれば、外的な評価も内的な評価も、物理的に得られるところに特徴があります。

最終的にどのようなキャリアを歩むにしても、ビジネスでの経験は絶対に無駄になりません。行動、思考、知見、コミュニケーション、さらに成長へのステップなど、ビジネスではさまざまな経験を積むことができます。

とくに、出世して役職者になると、人やお金を動かしたり、裁量権が与えられたりなど、できることが広がります。まさに、世界が広がるのです。

そこでの経験を踏まえて、自分が本当に進むべき道を模索してみても遅くはありません。またその過程で、本当の向き不向きも見えてくるでしょう。

世の中のルールを知るために

出世を目指す過程で、世の中のルールが見えてきます。

世の中のルールとは、社内の人間関係や社外人材への対応、さらにはそれらを取り巻く社会全体の仕組みのことです。あらゆるビジネスは、そうした仕組みの中で行われています。

つまり、ビジネスの世界で切磋琢磨すること自体が、世の中のルールを体感することにつながります。需要と共有、お金の流れ、あるいは交渉、議論、リソースの新陳代謝など、いろいろなことが見えてくるでしょう。

とくに、成果が生み出される過程は重要です。あらゆる社会貢献は、インプットとアウトプットによって構成されています。政治も、ビジネスも、芸術・文化も同様です。

そうした仕組みを経験し、理解するだけでも、意義のあることと言えるでしょう。出世するまでの過程は、そのようなルールを熟知する道程となります。

まとめ

ビジネスに限らず、人によって向き不向きはある。社会の仕組みを知るために、とりあえず出世を目指してみよう。

Stage 45

強みを言葉で把握する

自らの強みを言語化してみましょう。

競争社会では、各人が自身の強みで勝負していかなければ存在価値を出せません。強みを把握し、その強みで貢献することによって社会に認められ、理想的なキャリアを勝ち取ることができます。

自分の強みが明確になっていないと、伸ばすこともできません。また強みが伸ばせなければ、他人に勝る成果を生み出し続けるのも難しいでしょう。

間違ってもいいので、自分の強みを言葉で定義すること。定義することによって把握し、その強みに磨きをかけることができます。

とりあえず定義して、あとで修正する

よくあるのが、「自分の強みがわからない」というケースです。そのような場合は、とりあえず「これが強みではないか」と思えるものを言葉にしてみてください。身長や体重のように、明確な数字で表されるものばかりではありません。たとえば「コミュニケーション能力」「資料作成スキル」「秘書力」「突破力」など、いろいろなものがあります。

自分が得意だと思っていたことでも、いざ会社に入って周囲と比較してみると、もっと凄い人がいたというケースも多いです。なぜなら強みは、絶対的なものではなく、相対的なものだからです。

そのような場合を加味して、とりあえず強みを言葉で定義しておき、あとで修正するようにしましょう。言葉は抽象的なものでかまいません。

他者のアドバイスが気づきになる

たとえば僕の場合、もともと戦略立案が得意だと思っていました。学生時代は野球部で戦略立案を担当し、結果も出していたため、ビジネスでも通用すると考えていた

のです。

しかし、実際に会社に入ってみると、ビジネスのルールもわかりませんし、全体像も見えてきません。そうなると、戦略など立てようがないのです。

そのときに改めて、「自分の強みはなんだろう？」と考えました。

「自分には誇れる強みがないのでは……」

そのように悩んでいたとき、ふと、人事部長から「福山くんの強みは営業だね」と言われたのです。よく考えると、他の人からも同様のことを言われていました。ところが自分で勝手に「僕は営業は特異ではない」と思い込んでいたのです。営業職になって、結果が出てきたとき、改めて自分は営業に強みがあるのだと気づきました。

そのように、自分の強みが他者の視点からもたらされることも少なくありません。

強みは1つとは限らない

強みを発見する過程には、自己分析や他者によってもたらされる気づき、それが打ちのめされたことによる再探索、さらには偶然の発見など、さまざまな道筋がありま す。

自身の強みを言葉で把握する

「○○力」

あなたの強みは「○○力」ですか？

とくにビジネスでは、より高いレベルの人と比べることによって、再定義が必要となるケースも多いです。地元で負け知らずでも、全国大会では勝てないような話です。全国・世界大会などの水準で比較することで、「どの領域なら勝っているのか」を分析することができます。比較を恐れてはいけません。

また、強みは1つとは限りません。スキルやノウハウを学ぶことで、2つ3つと増えていくこともあります。それらが組み合わさることで、より大きな強みにもなります。

変えていい、増やしていい。それが強みなのです。

まとめ

強みは言葉で定義しておくこと。
高いレベルでの比較が自身の強みを進化させる。

Stage 46

家族を味方にする

初動力をより上げていくには、家族との関係構築が欠かせません。なぜなら、初速が速くなればなるほど「朝令暮改《ちょうれいぼかい》」が生じていくためです。

朝令暮改とは、朝に出した命令を夕方になって変えることです。悪い意味にとられることも多いですが、変化が激しい現代では、むしろ自然なことでしょう。

個人の行動に関しても、初動が早い人は、朝令暮改が自然と発生します。行動とそれにともなうフィードバックによって、すばやく改善していくためです。

ただ、朝令暮改を繰り返していると、家族に迷惑がかかることもあります。そこで、何らフォローしていないと、お互いの関係性が悪化してしまいます。

そこで家族とは、事前に目標やビジョンを共有し、理解してもらいましょう。

何のための朝令暮改なのか

決断が早い人は、朝令暮改を誘発し、一見すると軸のない人のようになります。しかしそれは、普通の人よりも早く進化しているためです。

他方で周囲の人からすると「また言うことが変わっている」と思われるかもしれません。成長著しい企業の経営者ほど、そのように思われているものです。

ただそれは、決断が早い証拠です。状況は目まぐるしく変わっているため、朝の決定が夕方になって変化することなど、珍しいことではありません。

ただだし、そのような意思決定のスピードで、家族を振り回してしまうのは考えものです。家族を大切にすることもまた、人生において重要な「ワーク」だからです。

そこで、あらかじめ自分の目標やミッション、ビジョンを伝えておくこと。それらを共有しておけば、なぜ意思決定が変わるのかも理解してもらえます。

家族に理解してもらうことが大事

目標やミッションを共有していないと、新しいことに目移りするだけの、一貫性がない人になってしまいます。家族からすれば、それは単なる迷惑な人です。

他方で、自分が目指しているところを共有し、ミッションについて繰り返し伝えていれば、「なぜ変わるのか」をわかってもらえます。少なくとも、理解してもらえるまで、丁寧に伝えなければなりません。

たとえば、僕のように「新しい学問をつくる」などの大きな目標をもっている人は、起業や出版など、次々に新しいことへチャレンジします。もしミッションを共有していなければ、「また新しいことをはじめたの？」と思われてしまうかもしれません。

しかし、最終的な目標を理解していれば、起業も出版も、ひとつのステップだと分かってもらえます。そうした理解によって、お互いに応援しやすくなるのです。

ともに支え合っていくために

壮大なミッションを家族に伝えるのは、恥ずかしいと思うかもしれません。ただ、大きな目標というのは、恥ずかしいぐらいがちょうどいいのです。

必ずしも、大々的に公言する必要はありません。**最も身近な存在である家族に伝えておけば、ともに支え合うことができます。**

それが、ビジネスに全力を投じたいと考える人の、せめてもの礼儀ではないでしょうか。何も伝えていなければ、たとえ頑張っていても、わがままと捉えられるかもしれません。

初動を早くすればするほど、家族からクレームを受けることもあるかと思います。

そのときに、「何を目指しているのか」をきちんと伝え、共有しておくこと。

それが、家族との望ましい関係構築につながります。

まとめ

ミッションを追求するには、家族の協力が不可欠。

そのためには、目標を共有し、理解を得るようにしよう。

おわりに

仕事力の向上＝人間力の向上です。

仕事ができるようになると人生が豊かになります。

こんなことを言うと、「仕事が人生のすべてではない！」と思われる方もいるかもしれません。ただ、僕は断言します。**仕事は人生のすべてです。**

仕事＝ビジネスではありません。

仕事とは、辞書を引いてみると「何かを作り出す、または、成し遂げるための行動」と説明されています。英訳すると「ｗｏｒｋ」（ワーク）です。一般的に言う「仕事」とは、「ビジネスワーク」と定義することができます。仕事＝ｗｏｒｋ（ワーク）です。その意味で、「ビジネスワークがすべてではない」という主張は肯定します。

ビジネスワーク以外にも、ファミリーワーク（家族行事、家事、育児、介護など）、カルチャーワーク（文化的活動など）、アートワーク（芸術的活動など）、アカデミックワーク（学業など）……いろんなワーク（仕事）があります。そのすべてがライフワーク（生涯をかけた仕事）に包含されます。

つまり、仕事力の向上＝人間力の向上と言っても過言ではないのです。

僕の妻は、ビジネスをしていません。しかし、ファミリーワークはしています。すごく大事な仕事です。子どもの命がかかっています。僕はそんな妻に頭が上がりません。

僕の息子たちも、ビジネスはしていません。しかし、ホームワーク（宿題）を一生懸命行います。毎晩、日記を書き、出来事を振り返る習慣を身につけています。僕はそこにコメントを残しています。一緒に過ごせる貴重な時間はなるべく動画に納めて編集し、Ｖｌｏｇ（ＶｉｄｅｏＢｌｏｇ）として、ＹｏｕＴｕｂｅにアップしています。

僕も幼少期、母親に写真をたくさん撮ってもらいました。アルバムとして今も大切に保管してくれている母親からの愛情を、僕は息子たちに継承しています。長い時間を一緒に過ごすことが難しい僕にとってのファミリーワークのひとつです。

一方、いまの僕は、ビジネスワークを中心に活動しています。同時にアカデミックワークも行なっています。どちらもライフワークです。人生かけてやりきる所存です。家族との時間を「仕事」と定義し、目標設定と改善を繰り返しています。ビジネス上のお客様や上司にだけ丁寧に接し、家庭でのコミュニケーションが雑という人に、僕はなりたくないのです。それが許容された時代もあったと思いますが、時代は進化しています。

いまは、いろんな生き方・働き方を選択できる時代です。

全員が全員、ビジネスワークだけをやらなくても良い時代です。そう言い切れるのは、日本にあらゆるタイプの社会インフラ・社会保障が整ってきたからです。それらのシステムは諸先輩方が、汗と涙と知恵を振り絞って、長年かけてつくってきてくれたものです。

戦後、日本の経済成長とビジネスワークが近い成長曲線を描いていた時代は、ビジネスワークをがんばることが直接、日本という国の成長にも繋がっているのだと、国民のほとんどが実感していたと思います。しかし、平成から失われた30年の期間で、そのルールが変わりました。成熟期に入った日本では、一人ひとりが自身の幸せを、自分の責任で追いかける時代になりました。

夢を諦め、一般企業へ就活する、という考え方は前時代的です。

ビジネスワークをすばやくマスターし、自分の人生と「ビジネス」の最適な関わり方を模索し、1秒でも長く夢や理想を追いかけられる人が増えてほしいと、心から思っています。

この本を読んでくださった方々が、本当に大切にしたい人を守れる強さを身につけて、人生を豊かにしてくれることを願ってやみません。今回このような素敵な企画を委ねてくださったスタンダーズの河田周平さん、本当にありがとうございました。

初動力で、人生変えましょう。

２０２１年２月　福山敦士

福山敦士　Atsushi Fukuyama

連続起業家

新卒で株式会社サイバーエージェントに入社。1年目からグループ会社（株式会社CA Beat）の起ち上げに参画。本社への事業譲渡後、25歳でグループ会社（株式会社シロク）の取締役営業本部長に就任。27歳で独立起業後、クラウドソーシング・人材紹介・ビジネスYouTube・メディア事業など、複数事業を立ち上げ4度のM&A（売却）を実行。

東証一部上場企業の株式会社ショーケースへのM&A時、同社執行役員、取締役COOに就任。PMI、組織改革、採用育成、人事制度再設計、企業買収、新規事業開発などに従事。2020年、ギグセールス株式会社にM&Aにて参画、取締役就任。

「学問をつくる」活動の一環として慶應義塾高校をはじめ、各種教育機関にて講座作りに関わる。学生時代は野球ひと筋16年。高校時代は甲子園ベスト8入り。

著書に『新しい転職面接の教科書』（大和書房）、『仕事の鬼100則』（明日香出版社）、『最速でつかみ取る営業の「絶対受注」』（同文舘出版）など多数。

◎福山敦士オフィシャルサイト
https://fukuyama.monster/

ブックデザイン
平塚兼右（PiDEZA Inc.）

DTP組版・図版作成
平塚恵美、矢口なな、新井良子（PiDEZA Inc.）

初動力

だけが生産性とクオリティを同時にアップする！

2021年2月28日　初版第1刷発行

著　者　福山敦士
編集人　河田周平
発行人　佐藤孔建
印刷所　中央精版印刷株式会社
発　行　スタンダーズ・プレス株式会社
発　売　スタンダーズ株式会社
〒160-0008
東京都新宿区四谷三栄町12-4　竹田ビル3F
営業部　Tel.03-6380-6132　Fax.03-6380-6136